羅祥國　黃覺岸　著

香港競爭條例的
解讀與實踐

中華書局

序　言

　　筆者對香港競爭政策的興趣，始於早年在學術領域的研讀和不同工作崗位上的觀察。本人在美國加州大學洛杉機分校獲取經濟學哲學博士，系內多位老師在「公司理論」的卓越研究，對各國競爭法的執行，補充了重要的理論基礎。

　　此外，筆者在九十年代陳坤耀教授當消費者委員會主席期間，曾為消委會委員，多年來參與了數個主要行業的競爭狀況研究。本人在 1996 年為立法局議員時，曾提出一項題為「香港應盡快引入全面的競爭法，以促進企業競爭和保障消費者利益」的動議辯論。筆者現任香港中文大學亞太研究所經濟政策研究計劃主任、消委會「競爭政策委員會」委員，以及兩個民間智庫（「新力量網絡」和「社區發展動力培育」）的研究成員；這多個身份和職責，都使本人得以重新關注香港競爭政策的發展。

　　香港在 2012 年通過《競爭條例》，這是香港近年最重要的經濟立法；這條例重新訂定了政府與企業的關係、大企業與中小企業的關係，以及企業與消費者的關係。在執行該法例的同時，能有效地在社會上作教育和宣傳，至為重要。

　　在 2014 年，本人與黃覺岸先生非常榮幸曾參與香港特區政府教育局就中學經濟課程，編著一份有關香港《競爭條例》的教材的工作。本書部分材料，在該教材中已作引用；本書除進一步對法例的內容作出全面的介紹外，並加入更多相關的國際案例和香港事例，讓讀者更能理解世界各地在執行競爭法時的多樣性和複雜性。

　　本人與黃覺岸先生已多次合作，這是第五本共同合著有關金融／經濟條

例的書籍；黃先生在法律方面的專長，協助本人進入了法律和經濟分析的新世界。我們期望未來能繼續為推動香港《競爭條例》的具體落實及有關政策，再作出一點貢獻。

毫無疑問，筆者在資源和能力的限制下，本研究只算是一個起點，作為理解香港《競爭條例》及其背景的入門書籍；希望本書能啟發更多的有關研究。為了使讀者能更流暢地閱讀本書，筆者免除了不必要的引述。本書的不足之處包括：

（ i ）本書理論方面的引證工作未能完善；

（ ii ）香港《競爭條例》及競爭政策涵蓋的範圍很廣，背景資料很多，本書只能有所取捨，不能全面兼顧；

（ iii ）由於選用的國際案例和香港事例的資料來源廣泛，引用方面可能有所錯漏；及

（ iv ）本書論及的機構和企業很多，可能不必要地和無意間冒犯了一些個人或企業，筆者在此致歉。

本書成功出版，承蒙中華書局（香港）有限公司各同事的全力支持，尤其是助理總編輯黎耀強先生的鼓勵和厚愛。我們祝願香港的《競爭條例》能成功落實，為香港建立一個更好的企業競爭環境。

羅祥國博士

香港中文大學亞太研究所
經濟政策研究計劃主任
2016 年 12 月

目　錄

第一章

引　言

　　香港的競爭政策經過多年的演進，《競爭法草案》終於在 2010 年 7 月提交立法會，在立法會審議的兩年期間，經歷大大小小的波折：工商界全面反擊、民主派若即若離、建制派各取所需、經濟學術界冷漠輕視、市民可有可無、消費者權益未獲重視等。

　　政府在商務及經濟發展局局長蘇錦樑的領導下，特別就有關工商界的憂慮，在 2011 年 10 月提出了六項重要的修訂：

（ⅰ）最高罰款由原草案的全球營業額 10%〔不設時限〕，改為過去三年內本地營業額的 10%。

（ⅱ）條例清楚引用「低額模式」以保護中小企業；合謀行為的公司合共營業額低於 1 億元，而濫用市場優勢的公司營業額低於 1,100 萬港元；但嚴重違反競爭行為則不適用。

（ⅲ）原草案訂明競爭事務委員會（競委會）可於違章通知書中同時要求公司罰款最多 1,000 萬港元，改為取消罰款。

（ⅳ）就非嚴重反競爭行為，建議先發出告誡通知，企業不改變行為才控告。

（ⅴ）取消獨立私入訴訟。

（ⅵ）清楚把合併活動從第一和第二行為守則豁除。

　　這六項修訂，是政府嘗試平衡工商界和整體社會利益的努力，雖未能盡如入意，還是值得肯定和支持的。這些主要修訂最終讓《競爭條例》在 2012

年 6 月在立法會獲得通過。

　　《競爭條例》是香港近年最重要的經濟立法，本書是作為理解香港《競爭條例》及其背景的入門書籍，主要內容包括以下章節：

（ⅰ）第二章是介紹香港競爭政策的演變——這是重要的背景資料；

（ⅱ）第三章是論述各國競爭法例的發展歷史——這是重要的背景資料；

（ⅲ）第四章是論述《競爭條例》的經濟理論和實證研究——這是競爭法的理論基礎；

（ⅳ）第五章至第十一章是介紹《競爭條例》的各項主要條文和相關指引——資料主要引用條例及競爭事務委員會提供的指引；

（ⅴ）第十二章是介紹香港近年社會關注涉嫌違反《競爭條例》的事件——這都是大家關心的事件，並對《競爭條例》的有效執法有強烈期望；和

（ⅳ）第十三章是介紹重要國際相關參考案例——不少案例都反映香港可能出現類似的企業行為，值得大家關注。

　　本書在介紹香港《競爭條例》及其指引文件之前（第五章至第十一章），先介紹了有關的重要背景資料，包括香港競爭政策發展、各國競爭法例發展和競爭法的經濟理論基礎。最後，我們再引入香港的有關事例及各國重要案例，以協助讀者理解香港《競爭條例》的相關性和可能影響。

　　本書在介紹香港《競爭條例》及其指引文件時，直接引用了有關條文定義和虛構示例（這引用已獲得競爭事務委員會的同意）。這直接引用的安排，讓讀者能清楚理解條例的原文和定義。再者，由競爭事務委員會提供的虛構示例是非常重要的，可有效協助讀者和業界理解競委會在執法時考慮的因素和具體的情況。

　　本書除了直接引用競委會提供的虛構示例作為參考外，再引用了 40 項國際案例，並安排在第十三章作詳細論述。另一方面，有關的歐盟案例（共 15 項）和美國案例（共 13 項），亦分別在各條例論述的章節中（包括第七章、第八章和第十章），作出引用和簡單論述。

第二章

香港競爭政策的演變

香港在英國管治下，一直崇尚自由經濟，政府對企業的經營模式和盈利，長期沒有任何限制。至於在提供公共服務的壟斷企業方面，例如電力公司、巴士公司、電話公司、煤氣公司、機場服務，政府就以「平均剩固定資產」為基礎的「利潤管制計劃」，一方面限制其利潤，以保障消費者利益；另一方面，亦保證有關服務的高質素和穩定供應。

政府最早在 1964 年與中華電力公司簽訂第一份的「利潤管制計劃」，以後伸展到所有的公共事業；多年來經過調整，但結構大致不變，市民亦不斷批評該協議只保障大企業的利潤，並沒有兼顧消費者的利益。

直到 1990 年代，由於技術的進步和新發展的商業模式，政府引進新的監管安排和競爭政策，以促進經濟效率和消費者利益。在 1993 年，政府改用一項「價格上限」的協議（消費物價指數減除 4%），以監管不同的電訊服務；再者，政府在 1995 年發出三個新的固定電話網絡牌照，並透過《電訊條例》引入歐盟的反競爭條款。至於國際電話服務方面，政府在 2000 年全面開放。所有的「利潤管制計劃」都於 1997 年 8 月或之前取消，至今只剩下對電力公司的監管。

在巴士服務方面，由於當時的服務並不理想，政府增發了兩個新牌照：城巴（1991）及新巴（1998）；就新路線的安排，政府採用公開招標的方法處理。對於現有的巴士路線，如果現有公司的表現不理想，政府會收回這些路線，再以公開招標方法處理。

在機場服務方面，在新的國際機場引入了三間公司提供貨運服務、三間公司提供地勤服務，以及兩間公司提供航機的餐飲服務。相比之下，在前啟德機場，各項服務只有一間公司經營。

在近年流動電話和互聯網業務的發展下，市場的進入基本上沒有任何限制，亦沒有訂定牌照數目的上限。有限的頻譜，部分是會以公開招標作分配的。

消費者委員會是在 1974 年成立的法定機構，目的是保障和促進消費者利益。在 1990 年代，消費者委員會完成了多項市場研究（銀行業〔1994〕、超級市場〔1994〕、加熱和煮食燃料市場〔1995〕、廣播及電訊業〔1996〕等），在這些行業和市場中，都存在涉嫌違反競爭和損害消費者利益的行為。根據這些研究結果，消費者委員會作了一個總結報告，建議政府應採納一項全面的競爭政策，以保證市場的有效競爭；這建議包括實施《競爭條例》，並成立執法的競爭委員會。

政府在 1997 年正式回應消費者委員會的報告建議，認為促進競爭對香港的經濟發展非常重要，但並不需要引進《競爭條例》。

政府建議成立一個由財政司領導的「競爭政策顧問小組」，成員包括多位政府高層官員和消費者委員會的代表。該小組指示各政府部門必須在其政策範圍內促進競爭，並加強消費者委員會的「營商手法部門」的工作，以及就近年市場內涉及嚴重的反競爭行為進行研究。在 1998 年及 2003 年，小組分別公佈了兩份報告，目標是促進行業間的競爭環境及處理反競爭行為。

自 1990 年代，立法局內對競爭政策都有積極的跟進，在 1993 年及 1996 年就有動議辯論要求引入《競爭條例》，這議題最後在 2008 年仍曾在立法會討論。當然，商界的代表是反對《競爭條例》的必要性。

在 2006 年 11 月，政府進行了一項公眾諮詢，大部分的回應都支持引進《競爭條例》和成立競爭委員會。在 2008 年 5 月，政府就《競爭條例》的重點再進行諮詢，社會亦大致表示支持。政府在 2010 年 7 月把《競爭條例》草案提交立法會審議，經修訂後於 2012 年 6 月通過。競爭委員會其後於 2013

年成立，條例中守則的指引亦於 2015 年初公佈。《競爭條例》於 2015 年 12 月正式執行。

根據消費者委員會的長期關注，超級市場及汽油站都可能涉及違反競爭的行為，競委會已作優先跟進。近年社會非常關注的「圍標」情況，競委會就曾對住宅樓宇維修市場進行了研究，並於 2016 年 5 月公佈有關結果，確認香港樓宇維修市場存在操縱投標行為。此外，競委會亦對超過五百個商會和專業團體進行研究，以了解其行規是否有涉嫌違反《競爭條例》，並促進其採取合規和改善的措施。業界一般有正面回應，但仍有一些較困難的個案在處理中。

根據競委會 2015/2016 的年報，直到 2016 年 3 月 31 日（《競爭條例》於 2015 年 12 月 14 日才正式執行），競委會對 97 宗個案進行了第一階段的初步評估，其中約三分之二涉及「第一行為守則」，而三分之一則涉及「第二行為守則」；這些個案集中的三大行業為：(i) 專業及技術服務，(ii) 運輸及物流，和 (iii) 食物及雜貨。

再進一步，競委會在正式執行《競爭條例》剛滿一年時，在 2016 年 12 月 14 日公佈共收到近 1,900 宗的投訴和查詢，其中經過第一階段的初步評估後，只有 130 宗需要進行第二階段的評估，而每宗的第一階段評估，因涉及多家不同公司，亦往往須時幾個月的研究。此外，只約有 10% 第二階段的個案會進行第三階段的深入評估。競委會估計在 2017 年可能有個案須經審裁處審理。

在 2017 年 3 月，競委會對五間訊息及技術公司，就其參與向一間社會福利機構提供設備與服務的公開投標過程中，涉嫌「圍標」，正式提交競爭審裁處處理，這將是審裁處審理的第一宗個案。

第三章

各國競爭法例的發展歷史

　　本章簡要介紹美國、歐盟、英國、澳洲及新加坡各國競爭法立法的歷史過程，這對了解香港《競爭法》甚有幫助。美國的反托拉斯及反壟斷立法早在百年前訂立並沿用至今，可以說所有反競爭行為的概念及實踐皆源於美國的經驗，但在上世紀七十年代之後，歐盟無論在法律概念及執行上，都發展得比美國精細及具原則性，這方面讀者在閱讀本書各案例之後當有結論。

　　香港法例框架及條文沿襲於英國，而英國的反競爭法例在 1998 年後已經完全與歐盟看齊。香港《競爭法》如何具體運作，英國及歐盟的經驗為必然首要的參考。澳洲及新加坡皆為前英國殖民地，法例亦參照英國而寫成，有關反競爭的法例亦不例外，但各自作出了適應自己國情的改動。在 2008 年 5 月香港政府商務及經濟發展局出版的《競爭法詳細建議——公眾諮詢文件》中，對澳洲及新加坡的制度引介最多，其中引入澳洲的「相當程度市場權勢」（substantive degree of market power）的法律用語以代替英國及歐盟的市場優勢（market dominance）概念，尤為重要。這也是本章要特別加入介紹這兩個國家的立法歷史的原因。

3.1　美國競爭法的演變

　　時空回到 1800 年前後的美國。由於工業化及經濟的快速發展，出現了幾個巨大的信託行業（又稱托拉斯），這幾個行業直接控制了整個美國的經濟命

脈，包括火車、石油、鋼鐵及糖，特別是石油及鋼鐵，處於壟斷狀態，控制了全國的供應。當時的情況是一間公司就操控了整個行業，完全沒有競爭，小企業及人民全無購買的選擇權，價錢貴，但品質全無保證，富人愈來愈富有，人民愈來愈不滿，有識之士明白到這情況會影響到國家的穩定和發展。

由英國承傳而來的普通法提供了一些補救，例如卡特爾（cartel）合約就被法院判決為違反貿易自由因而無效，並引致有名的《謝爾曼法》（Sherman Act 1890）的立法，主要是由於鐵路和電話及電報這兩個在當時驚人發展的行業，兩者皆在全國跨越各州以驚人的速度發展，並且皆處於只是由一間公司壟斷的局面。

由一間公司壟斷一個行業，當然符合規模經濟（economies of scale）的簡單經濟定律，這會帶來成本及價格下降的結果。但當時發生了多次經濟危機（1873－1878 年及 1883－1886 年），也出現新加入者的競爭。商家們發覺自己不單要同本地人競爭，還需應付跨境競爭。大規模的行業及運輸成本下降，加劇了競爭及降低了價格。事實上，在 1875 年到十九世紀末的二十五年內，美國及歐洲的商品價格一直在下降，這是得益於大企業的出現及減價戰的經常發生。

正正是由於要避免減價戰，避免過分生產引致市場不穩定，企業間進行了價格協議，這是今天我們廣泛地承認為違反競爭的協議行為。在鐵路及石油這兩個投資額巨大的行業尤為明顯，因為有了價格協議的出現，這兩個行業的價格穩定了，但消費者及下游生產者例如農夫及小工廠則受到傷害。生產者面對成品價格下跌，以及運輸和其他生產成本上升的雙重打擊，成為兩邊受擠壓的對象。

另一方面，小企業也被大企業種種不公平競爭手法所損害，他們取得了公眾的同情，形成政治勢力，構成了《謝爾曼法》的成立背景。在這法例之前，名州皆有反托拉斯法例，但聯邦立法（Federal Law）則可在各州執行。

約翰・謝爾曼是一位參議員，他在參議院提出法案時說：「如果我們不接受政治上有帝皇的制度，我們也不應容許在生產、運輸及任何生活需用品的

售賣上有帝皇的存在。」參議院近乎一致通過了法案。

美國的《謝爾曼法》其實並不是第一條在歷史上針對競爭及反壟斷的法例。1890 年加拿大已經有類似立法，而美國的一些州也已經有各自的法例。《謝爾曼法》的特點是罰得重及執行有力；司法部可到各州法院申請命令，制止違反競爭的行為及執行補救措施。

簡單地說，《謝爾曼法》最重要的是第一及第二條。第一條近似香港的第一行為守則，應該說香港的法例源近於歐盟，而歐盟的條例是源近於《謝爾曼法》（第一條），第一條是禁止妨礙自由貿易的合約、聯盟或串謀行為（contracts, combinations and conspiracies which restrain trade）；第二條則是禁止壟斷、企圖壟斷或嘗試壟斷行為（monopolisation）；不過有壟斷情況並不犯法。違反《謝爾曼法》有刑事責任，可監禁三年。若作比較，歐盟本身並無刑事化條文，歐盟內個別國家則有，如德國及法國。

該法例通過後，在 1897 年有第一件重要案例出現，十八家公司聯合為貨運訂定統一價目，辯稱他們並不違法，因這組織的目的不是要加價，相反地是想降低收費的價格。眾公司認為眾議院立《謝爾曼法》時的意圖並非想引用到他們的情況，因為早已有廣泛為鐵路運輸業而設的法規。法官在這案及其後的案件中，皆清楚表達接受訂價行為（price-fixing）是防止不健康競爭的論據（密蘇里貨運協會案 1897，美案 1，見本書 198 頁）。但是最高法院則認為《謝爾曼法》的立法原意是要令到所有價格協議皆為法律所禁止，因而法官不應自行決定基於合理與否的理由，容許協議的存在。這一原則性判決沿用到今天，只是還有少數例外案例，容許價格協議不被視為違法的案例（法例所特別容許的豁免還是會出現在工會、保險、農業及「國家行為」的情況）。

在 1911 年的江湖醫生案中，最高法院將價格協議的限制引申到垂直整合的經濟活動中，批發商用協議限制零售商的售價要高於某一最低水平被裁定違法。法庭指生產者表面用這類協議保障分銷者的利潤，其實是在保障自己的利潤。另一辯方理由是要保護分銷者花費在促銷的費用能取回，亦有以合約自由來為這類合約的存在作辯解，這些辯護皆被法庭駁回（江湖醫生案

1911，美案 2，199 頁）；後來有名的標準石油案及美國煙草案就緊隨了這一原則。

　　俄亥俄州商人洛克菲勒利用收購及大公司的優勢，例如較低的運輸成本，令到對手無法競爭。在幾十年的時間內，新澤西的標準石油幾乎收購了全美的石油副產品公司。法庭面對的問題是：法例的原意是否認為企業變得龐大，就會對競爭產生限制，從而需加以禁止？法庭認為有三大後果可以歸納為壟斷行為：(i) 更高的價錢，(ii) 減少了生產，及 (iii) 減低了產品的質素。只要有當中一個因素出現，就符合妨礙貿易的作用。法院認同標準石油的行為超越了合理原則（rule of reason），法院的裁定迫使標準石油分拆為三十四間獨立的公司，分佈於全國及海外，成為我們今天熟悉的艾克森石油（ExxonMobil）、雪佛龍（Chevron）、康菲石油（ConocoPhillips）等（新澤西標準石油案 1911，美案 3，199 頁）。

　　美國煙草公司由五家大煙草公司合併而成，已經形成近乎壟斷式的經營，其壟斷式經營擴充至其他煙草業的範疇，包括塞煙草、吸食煙、鼻煙和小雪茄。反托拉斯的訴訟由紐約的州法院開始，成罪之後上訴到最高法院。法院下令美國煙草須分拆為四家公司（美國煙草案 1911，美案 4，200 頁）。

　　另一重要反壟斷案是 1912 年的聖路易斯鐵路總站案，幾間鐵路公司控制了終站的設施並排擠競爭者；聖路易斯法院禁止了這一行為，並下令鐵路公司須以合理條款為競爭者提供服務。補救的做法是提供參加合營企業的途徑，這途徑以合理條件對現存或者將來加入的鐵路公司公開。新加入者要公平合理地平分企業的資產利益及負債，另外亦需肯定地為其他不參與經營鐵路的公司，以公平合理條件使用總站的設施（聖路易斯鐵路總站案 1912，美案 5，201 頁）。此案亦發展出「基要設施原則」（essential facility doctrine），這一源於美國的「基要設施原則」，已為其他普通法國家及歐盟所採納（參看 Harwood Park 火葬場案 2005，歐案 5，183 頁）。

　　《謝爾曼法》針對的是企業之間的價格協議及市場分享，並不針對企業的合併。這就容易出現幾家想壟斷市場的公司，用合併為一家公司的方法變相

壟斷市場。似乎正是因為《謝爾曼法》的制定，幾年間有大量的企業合併事件出現。1914 年《克萊頓反托拉斯法》（Clayton Act）應時而立，這法例針對有害競爭的合併活動，並直接禁止了一些指明的反競爭行為，例如價格歧視；更重要的是引入私人訴訟的權利，成功的申索者可以得到損失的三倍賠償額。

在 1914 年，《美國聯邦貿易委員會法》（Federal Trade Commission Act）獲落實。這條法例授權設立美國聯邦貿易委員會（FTC），它是一個獨立的執法機構，負責監管不公平貿易手法的行為，與政府的司法部（DOJ）協同運作，FTC 負責於聯邦級別執行反競爭法例。這幾條主要的法例後來皆有修正案，例如授權 FTC 及 DOJ 審核所有大規模的合併案等。

在兩次世界大戰期間，反競爭法例的執行比較有彈性；1929 年出現的大衰退，加強了一般人認為市場要規管，多於放任市場自由競爭的想法，結果出現了一些價格管制的情況。1933 年的亞巴拉契亞山煤案，是重要的容許固定價格案件。這案只能在當時特定的歷史條件下理解，案中有 137 家公司合併並定下煤價，這一協議成功令亞巴拉契佔據該地區煤業的 74% 份額，被指控違反了《謝爾曼法》第一及第二條，不單妨礙了商貿的自由，也是企圖壟斷部分相關的商業活動。地方法院裁決認為這 137 家生產商的排他性合約本身就是違法（illegal per se），但是美國最高法院駁回裁決。這案件可能提供了一個看法，就是禁止反競爭行為的法律在執行之時，須考慮到當時的歷史、政治及經濟現實情況（亞巴拉契亞山煤案 1933，美案 6，202 頁）。

在 1940 年的紐約美孚真空油案中，最高法院態度不同了，其追溯回到大衰退時已有的一項價格協議應被禁止。在 1930 年東德克薩斯州發現大片油田，油價下降壓力更大，各州皆立法管制石油生產配額，生產多於配額變成非法，而多出的石油被稱為熱油（hot oil）。獨立的煉油公司將熱油送到市場，雖然熱油只佔總產量百分之五，但也令到油價波動不已。大煉油廠後來購買了小規模獨立煉油廠的熱油，這令到熱油不再進入市場，亦令到石油價格穩定下來。參加協議的公司甚而每星期舉行會議，以決定熱油的價格；油價在 1935 年 3 月開始穩定下來。最高法院認為這「跳舞夥伴協議」不單會增加石

油現貨市場的價格，而且其真正的目的，在於提高汽油經批發商到達消費者時的價格，是違法的協議（紐約美孚真空油案 1940，美案 7，203 頁）。

從戰後到七十年代，反托拉斯企業是社會的主流思想，縱然價格可能因大企業的出現而下降，托拉斯是不可取及要被限制，依然是主流經濟思想。1945 年的美國鋁業公司（Alcoa）案，美國鋁業用最有效率的手法贏了所有競爭對手，因而佔有全美國鋁生產量的 90%，其規模經濟的產能有力滿足市場需求的增加，兼且能做到品質高而價廉。美國鋁業的絕對優勢源於其對專利及生產成本的控制。上訴庭法官 Learned Hand 說維持壟斷地位的本身代表了壟斷化的意圖，企業擁有優勢地位而不去濫用是不可能的。這說法等同說明了壟斷本身的事實，就已經犯法（美國鋁業公司案 1945，美案 8，204 頁）。

由 1947 年國際鹽業案開始，美國跨州最大工業用鹽的生產者，擁有一項處理鹽及混合鹽到不同食品的機器專利。公司要求顧客在租用機器的同時，要購買由同一機器所出產的鹽或鹽粒，並只能使用這些由被告提供的鹽去生產食品。美國最高法院表明《謝爾曼法》搭售（tying）的交易行為本質上是違法的，情況是當賣方擁有一法律上的壟斷地位（專利），而要求買方附帶購買一些並無專利的產品之時，一定違法（國際鹽業案 1947，美案 9，205 頁）。

1962 年全美第四大製鞋公司布朗鞋業（Brown Shoe Co.）宣佈與全美第十二大製鞋商，同時也是最大鞋業連鎖店公司金尼（Kinney），以股權互換方式合併。美國最高法院也承認合併對消費者有利，但認為金尼公司可能因而只會銷售布朗公司的產品，令其他中小型製鞋商跟布朗鞋業無法競爭，違反了《克萊頓法》第七條（禁止有害競爭的收購合併）。本案中法院明確地拒絕以「效率」作為辯護的理由，華倫法官更在判詞中強調克萊頓法保護的是競爭，而不是競爭者（布朗鞋業案 1962，美案 10，205 頁）。

七十年代芝加哥經濟學派的興起及七十年代末列根時代的來臨，影響到法院審理反競爭案的取態。芝加哥學院的學者強烈批評聯邦貿易委員會及法院介入經濟活動的做法，並強調合併及垂直價格訂價能提高效能的重要性。同時間，美國企業在國外競爭力開始下降，這些壓力影響了執法者及法院的

判決。

1977年施文公司單車市場瓜分案，是轉捩點的重要案例，上訴人施文公司是領導市場的單車生產商，施文提出計劃，經一委託代理計劃將單車出售，分銷商及零售商都要參加這項計劃。計劃包括由施文公司直接船運給零售商，加強信貸額支付給中間人的分銷商。施文分配不同地域給其批發分銷商，分銷商則受指示只賣單車給地域之內的指定特許經營商。在本案中美國最高法院重申在一些垂直結構下的限制，只要這類限制的存在，本身就基本上是違法（illegal per se）（施文公司單車市場分配案 1967，美案 11，206 頁）。

同是 1977 年的歐陸電視對通用電話案，則證明芝加哥經濟學派在反競爭理論應用中的影響增強，亦反映美國司法運作受實用主義的影響，出現兩條原則並存的現象。西維尼亞通用電話公司（GTE-Sylvania）嘗試減少一些經營不善的零售商，並希望吸引更多有能力及進取的零售夥伴；通用電話所用的方法是減少西維尼亞的特許經銷商在一個地區的數目，並要求特許商在指定地域內只出售其電話。歐陸電視是一間被拒絕的特許經營商，於是提出違反《謝爾曼法》的民事訴訟。但這次最高法院間接否決了以上論及的施文案，認為兩案是可區分的（distinguishable），通用電話所作的限制並不嚴重妨礙競爭，並裁決對這樣的商業運作需依據合理原則（rule of reason）作出分析。所謂基本上違法行為原則（per se illegal rule），只應適用於明顯違反競爭的行為（歐陸電視對通用電話案 1977，美案 12，207 頁）。

列根時代（1981－1988）採取放任自由經濟政策，由市場決定行業或企業的存亡，沒有多少有影響力的反競爭案例出現，反而有更多容許本來是原則上違反競爭行為的情況被法院接受，例如 1984 年的傑斐遜教區醫院案（Jefferson Parish Hospital 1984），醫院要求病人只能排他性地接受某一醫學服務機構提供的麻醉學者服務，這是明顯的搭售安排（tying arrangement），但法庭裁定為不算不合理地限制了交易自由。

列根之後的布殊總統及克林頓總統的著名案例，是有關微軟壟斷指控的訴訟，結果達成和解，變相給予微軟反壟斷豁免權，這結果備受批評（反而

歐盟不停對微軟作出巨額罰款建議，迫使微軟讓步；見「微軟」反競爭訴訟十年，歐案 3，181 頁）。1982 年美國政府也結束了對 IBM 長達十三年的調查，承認 IBM 沒有不合理地妨礙交易自由。

自上世紀七十年代中開始，「合理原則」（rule of reason）分析頻繁被法院應用於競爭案件上，令到禁止反競爭行為在美國不再顯得絕對；同期及之後，從歐盟發展來的案例，其對反競爭的原則相對較一致及清楚。由於本港的《競爭法》採用的法律字眼及概念與歐盟條約第 101 及 102 條幾乎一樣，歐盟競爭法的歷史及案例應更具參考性。

3.2　歐盟競爭法的演變

歐盟競爭法的歷史發展可以分為兩大部分：歐盟之內個別國家的法例及跨國的法例（supra national）。本書會更多引用介紹歐盟的案例，下一節亦有介紹英國競爭法的歷史，所以本部分較為簡單。由於大多數歐盟國家原來沒有反競爭法，而歐盟這方面的法例，在加盟國之內較個別國家的國內法有更高的制約性，所以個別國家的法例皆似乎是《羅馬條約》的翻版。

歐盟的跨國競爭法起源於 1951 年的《巴黎條約》（Treaty of Paris）下成立的「歐州煤鋼共同體」（European Coal and Steel Community），條約開始時參與國家有法國、德國、意大利、比利時、荷蘭、盧森堡；條約禁止了六國之內有貿易壁壘及其他歧視性和限制性的經濟行為。當初為競爭政策設限制的原意，是為保證參與六國在煤及鐵這兩大主要工業原料的使用有公平獲取的權利；其次亦因為自由競爭原則的重要性，獲得六國都認同為共同市場的良好運作所必須。同時亦參考了美國經濟的成功例子，認為是有賴長期的反托拉斯法規。

《巴黎條約》第 65 條是歐盟競爭法的源頭，這條文禁止了企業間運用協議或一致性行為（concerted practice），去直接或間接地防止、扭曲或限制共同市場內正常的競爭。另外第 66 條第 7 段，禁止了濫用市場優勢（abuse of dominant market position）。到了 1958 年 1 月 1 日，俗稱《羅馬條約》（正式名稱為《建立歐洲經濟共同體條約》）生效；2009 年條約改成為《歐洲聯盟運作條約》。《羅馬條約》主要作用是消除立約國之間的關稅，並共同建立一個在商品、勞動力、服務、運輸、農業政策及資本的共同市場。

原《巴黎條約》中第 65 及 66 條轉變成為《羅馬條約》的第 81 及 82 條，這兩條成為歐盟競爭法例的核心。第 81 條禁止任何有害競爭的協議；第 82 條禁止在某一市場擁有優勢（香港法例的字眼是相當的市場權勢）的企業，有濫用這一優勢從事有害市場競爭的行為。香港的《競爭法》就是引入了這兩大違反競爭原則，本書後面將會用大篇幅作詳盡討論介紹，分別稱為第一行為守則及第二行為守則。

《巴黎條約》第 66 條亦處理在煤及鐵這兩個能源業合併及企業集中的問題，這類合併只能由共市最高層所批准，而這批准只會當在合併的新企業不會有能力控制價格、限制生產分配及扭曲了共市成員間的貿易，這亦不許變相令企業在共市中擁有特殊地位。從一開始我們須留意歐盟（前稱共市）的最高層，在競爭政策及法律的執行角色是重要的，因為其競爭政策對消除成員國之間的貿易歧視行為至關重要。歐洲法院（European Court of Justice）成立目的之一，亦在解決會員國之間貿易的爭議，例如在某一類商品市場有跨國分配或對平衡進口貨品施加限制等，其行為就早被禁止；在 Neatle Perrier 案中，法院認為雖然合併條例原則上是針對競爭問題，但不排除歐盟亦可在個別案件上考慮其他社會因素，特別是就業問題。此外第 81 及 82 條文亦對中小企業提供優待安排，採用寬減規則（de minimis rule）。

今天歐盟的憲法已經發展為 2009 年 12 月 1 日生效的《歐洲聯盟條約》（Treaty on the Functioning of the European Union），或稱《里斯本條約》，成員國擴大到二十七個國家之多。原來在《羅馬條約》中的第 81 及 82 條，轉移到新條約中為第 101 及 102 條。今天歐盟反競爭法例有四大範疇，影響香港最大的是第 101 及 102 條兩範疇。這四大範疇分別為：

（ i ）禁止影響競爭的協議及行為；

（ii）禁止濫用市場優勢的行為；

（iii）企業間收購合併的行為須符合守則；及

（iv）國家對企業補助支援的行為受歐盟競爭總局的監察。

本書對此將會有詳細的法律分析，這裏先簡單介紹歐盟第 101 條下的例外條款，這些例外條款在香港的《競爭法》中有類似的安排。例外條款指包括對消費者有利益的終極結果，對科技發展有利，另對整體經濟影響輕微的情況，並指明公司不多於市場佔有 10% 的可申請豁免。歐盟亦有集體的合約豁除及豁免制度，香港相關的安排會在第九章作詳細介紹。

由於香港《競爭法》對規管收購合併的引用只限電訊廣播業，本書對美國和歐盟這方面的經驗及案例只會略為介紹。要留意這其實是針對反競爭行為的一大範疇，隨着香港經濟的發展，這範疇終會再被研究；企業獨大對經濟自由競爭的傷害，是一如企業出現市場優勢而濫用這優勢一樣的。歐盟容許這方面的例外條款是有科技上需要，或企業面臨倒閉而合併，而新成立的企業不會影響到相關市場競爭的有效性（2004 Portugal de SA and Gas）。

3.3　英國競爭法的演變

英國在 1998 年通過《競爭法》（Competition Act）之後，有關競爭法例才完全與歐盟的法例達成一致，亦難怪香港要遲於九十年代中才開始討論研究相關的立法，之前英國法例中有自己的打擊違反競爭行為的法例，但幾乎沒有相應的香港立法。

熟悉英國普通法的人皆知道有一原則，是所謂影響貿易自由的合約，會被法院宣告為無效（contract in restrain of trade）。成文法的發展則十分遲，英國在第一次世界大戰後通過一條《暴利法》（Profiteering Act 1919），目的是禁止謀取暴利的行為。暴利被定義為不合理地高的利潤，而只要商品的利潤不高於戰前就不被視為不合理。今天看來這是一條奇怪的法例，因為高利潤不一定是高物價，當時立法的目的反而是要防止物價的飛漲。

在第二次世界大戰後，英國在 1948 年通過《壟斷和限制性行為（調查及控制）法》（Monopolies and Restrictive Practices（Inquiry and Control）Act），設立了現稱壟斷及合併委員會（Commission），這委員會被授權可調查不論是單一企業或是多家企業共謀從事限制競爭的行為。這法例的立法精神是認為市場保持競爭是有利全民就業的。法例授權委員會對有害競爭的行為進行調查，並出版報告書，而有關的政府部門便可據報告採取任何適當的措施，以保障公眾的利益。

其後，在 1956 年通過的《限制貿易行為法》（Restrictive Trade Practices Act 1956），將生產商之間共謀推行零售商品價格的做法列為犯法。任何有限制價格性質的協議，皆須在政府登記（Registrar of Restrictive Practices）。零售價格協議應被禁止的原因，是被認為須保護中小企業商人的利益，大型分銷商有足夠的財力抗拒生產商的限價要求，而中小企業則沒有議價的能力。在 1964 年及 1976 年通過的《零售價格法》（Resale Prices Act），承接了前面的法案。這法例制止供應商施加任何的零售價格協議。在這法例之下，供應商在供應貨品之時附加條件，規定零售商不得出售商品低於某一價格，則是違法的行為。另指明交易商亦不准許要有某一類形式的最低價格，這類交易行為被視為違反公眾利益（先申請獲批准者可例外）。在這套制度之下，並不是直接地禁止制定價格協議，而是該等協議須作登記並可被訴訟。

在 1965 年通過的《壟斷及合併法》（Monopolies and Mergers Act），授權壟斷委員會調查事實上或可能出現的壟斷，只要情況可以發展成壟斷，就可以進行調查。而在 1973 年通過的《公平貿易法》（Fair Trading Act）則為壟斷委員會增加了權力。總合而言，當一企業控制了某一市場 25% 時，壟斷就被視為存在；因而當兩間公司聯合可以控制了市場 25% 之時，就可以展開調查。當公司的合併會令公司佔有 25% 市場時亦要展開調查。公平貿易總監負責監察競爭的政策是否有效，當發覺有問題時，則負責轉介案件給壟斷委員會展開調查（Harwood Park 火葬場案 2005，歐案 5，183 頁）。

英國在與歐盟的法例達成一致以前，其競爭法例及執法有一些特點，也

是缺點所在。首先，其針對違反競爭的目標及理由並不清楚，只模糊地說是基於公眾利益。制度上也不完善，公貿大臣有權接受或者拒絕來自公平貿易總監的建議，決定是否交壟斷委員會展開調查，其決定無可避免會受到應屆政府及政治氣候的影響。再者，並無一套清楚罰則及執法制度。直到 1998 年的法案前，英國的反競爭執法機構並無權力搜查涉案企業的寫字樓，並撿走文件，執法機構亦無施加罰款的權力。這些權力在歐盟其他國家早獲授權，香港的競爭委員會也擁有相關的授權。

英國在 1998 年正式通過了《競爭法》，回應了早就需要的法律改革，並與歐盟的競爭法律協調一致（現歐洲聯盟條約第 101 及 102 條），特別在限制性交易行為及濫用市場優勢方面。同時，英國也保留了一些固有與歐盟不盡相同的措施，特別在於處理寡頭壟斷及合併企業方面。競委會代替了原來的收購合併委員會。英國也按此法在 1999 年成立了英國的競委會（Competition Commission），專責執行法例，新加坡及香港皆採納了同樣的執法模式。這執法模式包括了接受投訴，具上訴作用的審裁處（地位相當於高等法院），進行調查的權力及監管權力等，以及達成協議的權力，包括達成寬待協議以避免訴訟。

3.4　澳洲競爭法的演變

在 1906 年之前，澳洲並無任何成文法例去規管交易者之間的競爭行為。但在源於普通法的法律之中，一如美國，針對反競爭的概念早已存在於澳洲的執法中，包括檢控壟斷、妨礙交易自由及串謀犯法的行為。串謀不單用於指控交易商利用一致行動從事防止競爭的行為，也用於指控工會的活動。二十世紀初普通法的阻嚇作用形同虛設，原因是法庭對於合理理由的辯解（reasonableness），顯得日漸寬鬆。同樣情況在美國更早發生，所以美國於 1890 年訂立《謝爾曼法》。

深受美國《謝爾曼法》的影響，1906 年澳洲通過《澳洲工業保障法》

（Australian Industries Preservation Act），成為第一條保護競爭的法例。法例基本上是禁止企業在澳洲各州內或與其他國家的合併，從而做成壟斷或妨礙交易自由的情況。這法例很快受到違憲的挑戰，一些條文被法院判定違反憲法，因為其干預了州與州之間的貿易自由。在 1913 年，英國的樞密院（當時還是澳洲的終審法院）亦裁決認為在這樣條例下刑事上違反本法的人，要被證明有傷害公眾利益的意圖。這進一步令到法例的效力大打折扣，結果這條例只能用於針對州內個別的小案件。這法例不時作出小修改，但成效不彰。

在其後的五十年間，澳洲的經濟發展順利，雖然市場高度集中，政府並不覺得需要為控制市場的結構或行為，從而保護市場的競爭或是消費者的利益。在 1958 年，政府委託一個皇家委員會對妨礙交易自由進行研究，發現各類價格協議，特別是串謀投標，在工業界十分普遍，並被企業的領袖視為正常商業行為。立法監管的聲音開始出現。該委員會在 1962 年提交給內閣的報告中指出各種反競爭行為非常普遍：

（ i ）批發與零售間維持價格協議；

（ii）壟斷性行業的交易對手只限少數公司；

（iii）排他性交易；

（iv）商會對不肯參加固定價格或其他反競爭行為的交易者，作出壓迫行為；及

（ v ）歧視性價格、歧視性回扣及串謀投標等行為。

這些問題引致在 1965 年《限制性交易手法條例》（Restrictive Trade Practices Act）的立法。1965 年的條例比 1906 年的柔性很多，舊法例是預設禁制性的，很多行為被明令禁止，新法例下唯一被禁止的是合謀投標，其他行為可先受審視，可因時效而被針對（prescriptive）；當委員會被授權對某一項交易行為的投訴作出檢查，只有在該行為被裁定違反公眾利益時才被禁止。委員會亦可與違法者先進行協商，謀求解決方法，避免訴訟。如果調解不成，還可提交審裁處先作仲裁（審裁處、違章通知、寬待協議等，在香港的法例中有類似安排）。

　　1965 年的法例，受到一些違憲官司的挑戰，挑戰雖然成功，但無實際意義，因為政府將法例作出了修訂，並在 1971 年重新立法；大多數條文被保留，進一步寫明轉售價格協議基本上違法（illegal per se）。到了 1973 年澳洲工黨上台，決定重新立法，要交由議會而不是貿易委員會去決定何謂不合法的交易行為。這成為了 1974 年《交易手法條例》的由來。這條法例亦同時首次出現有關企業合併及消費者保護的條文；法例亦授權可以批准豁免一些違反競爭，但對公眾利益有利的行為。由於新成立的執法機構稱會對所有申請豁免作臨時批准，法例通過不久就收到二萬個申請。工黨年多後便下台，換上了保守的自由黨；雖然自由黨對反競爭法例並不歡迎，但法例的基礎已經確立下來。

　　到了 1992 年，澳洲政府成立獨立調查委員會，再全面檢視澳洲的反競爭政策及法例，並出版了希爾默報告（Hilmer Report）；報告認為澳洲的經濟本質上是單一國家市場經濟，並不應由各州訂立不同的反競爭法規。報告建議全澳洲採用統一的競爭行為守則。該建議得到政府及各州地區政府的支持，並訂立《競爭政策改革法》（Competition Policy Reform Act 1995）加以落實；各地方政府亦陸續各自修訂法例加以配合。

　　在界定何謂濫用市場優勢時，澳洲原本在 1964 年的法例，是追隨歐盟用優勢或支配性（dominance）的字眼。當 1974 年澳洲的《交易手法條例》立法時，當中第 46 條訂定有關濫用市場權力門檻的定義時，改用的字眼是實質控制了市場（substantially control a market）。

　　在七十年代初的經驗顯示，所謂實質控制了市場的情況只能適用於少數公司；在這一標準下，很多大企業仍可運用其擁有的市場優勢。在 1984 年的《交易手法修訂法》中，法例的門檻被調低到相當程度的市場優勢力量（substantial degree of market power），這概念應用直到今天。這正是今天香港《競爭法》所採用的字眼。

3.5　新加坡競爭法的演變

在 2004 年以前，新加坡沒有成文的反競爭法律，亦沒有監管機構。作為前英國殖民地，其法律亦移植了英國普通法支持自由貿易的原則，例如合約法中妨礙貿易自由的合約無效原則等。

新加坡的經濟是細規模的高度開放體，在面對二十一世紀的全球化，其國內經濟的一些重要部分面臨基本的改變，一些國營事業如公共電訊服務、大眾傳媒、能源及公共運輸行業等，皆進行私有化並對新的市場競爭者開放。經濟自由化的浪潮席捲主要行業，如銀行、物流、第三產業等領域，目的是要符合吸引外資及刺激經濟增長的戰略。一些行業性的競爭法例已經存在以促進競爭。

新加坡經濟特色之一，是在不同的領域內有大量的政府關連企業（government linked-companies）。在 1997－1998 年的亞洲金融危機之後，政府開始檢討其依賴國營企業作為經濟火車頭的政策，是否有利經濟增長。新加坡政府在 2001 年設立了經濟回顧委員會，全面檢討經濟政策。其下的企業國際化小組強力建議新加坡訂立《競爭法》，並且全面引用於所有與政府有關連企業中。另一方面，當時新加坡與美國正談判重要的美新自由貿易協議（US-Singapore Free Trade Agreement），這雙邊協議於 2003 年簽署，亦成為 2004 年新加坡《競爭法》的立法背景，因為這協議訂明新加坡有法律責任引入《競爭法》。

新加坡在 2004 年訂立的《競爭法》，其立法過程不過三年就完成，在新加坡工貿部門下同時設立一個全新監管系統。新加坡的競委會在 2005 年 1 月 1 日正式成立，負責執法並制定各類政策文件（情況如香港競委會制定的第一及第二行為守則），法例則在 2006 年 1 月 1 日正式生效（香港的競爭法在 2015 年 12 月 14 日始全面生效）。

新加坡的競爭法及監管制度很大程度移植自英國的 1998 年《競爭法》，亦自然與歐盟的競爭法律框架及法律語言一致（現歐洲聯盟條約第 101 及 102

條），但亦作了一定的調整，以適應新加坡本身的情況。其要點包括：

(ⅰ) 扭曲、防止或妨礙貿易自由的目的或效果的行為（類似香港第一行為守則指的行為），並不適用於個人豁免；

(ⅱ) 所有垂直協議安排，除非得到內閣官員指定除外，皆可獲豁免；

(ⅲ) 英國法例用較間接字眼（直接或間接引致不公平交易的價格），新加坡則用直接的掠奪性行為（predatory behaviour）字眼，去針對制定妨礙競爭的不公平價格的大企業；和

(ⅳ) 法例沿用歐盟的市場優勢地位概念（dominant position），這被定義為包括在新加坡之內或之外的優勢（within Singapore or elsewhere）；換言之，外國企業在其他的市場有優勢時，亦可被新加坡法律所針對。

新加坡競委會（Competition Commission of Singapore）若決定拒絕一個第三者的申訴，這決定不能向上訴委員會上訴（Competition Appeal Board）。法案更正式授權競委會有廣泛的調查權力，包括強制交出文件、會見證人、搜查住所及特別寫下有進行黎明突襲搜查（dawn raid）的權力；競委會也有簽訂寬待協議（leniency agreement）的權力。

第四章

《競爭條例》的經濟理論和實證研究

4.1 香港《競爭條例》的立法目的

香港政府於 2012 年 6 月通過的《競爭條例》，是近年最重要的經濟立法。這將重新調整政府與企業的關係、大企業之間及與中小企業的關係，以及企業與消費者的關係。根據條例的説明，立法目的旨在「禁止妨礙、限制或扭曲在香港的競爭行為；禁止大幅減弱在香港的競爭的合併；設立競爭事務委員會及競爭事務審裁處」。香港的《競爭法》主要以歐盟和澳洲的有關法例為藍本。

香港現在的條例，只是禁止對競爭有不利影響的企業行為，並不是全面和直接的促進不同市場的競爭。現在一些已擁有龐大市場佔有率的企業，如果它們沒有參與「合謀」（第一行為守則）和「濫用其市場權勢」（第二行為守則），以影響其他企業和消費者的利益，就沒有違反香港的《競爭法》。再者，特區政府和其他法定團體所涉及的經濟和商業行為，條例中就給予了一般性的豁免，這與歐盟和大多數先進國家條例的精神並不一致。

香港的《競爭法》現時具有極大的限制，如果參考澳洲的例子，情況就更清楚。早於 1993 年，澳洲政府所成立的「競爭政策調查委員會」（Hilmer Committee）已明確建議，有效的競爭政策必須處理以下六個問題：

（i）企業的「反競爭行為」；

（ii）現有不利市場競爭的政府監管政策；

（iii）公營壟斷企業的不適當結構和行為；

（iv）當公營的商業活動與私營企業競爭時，政府如何保持中立性；

（v）「壟斷性定價」（excessive pricing）；和

（vi）就一些行業的「必須設施」（essential facility），其擁有者可能會限制同行其他業者使用，這會妨礙有效競爭。

如果以競爭政策調查委員會的政策建議為標準，香港的《競爭條例》則只聚焦在私營企業的部分「反競爭行為」，而以下五大項的「反競爭行為」仍不受監管：

（i）原則上，政府不會全面監管及處理政府和法定機構的經濟及商業活動；

（ii）政府亦不會藉此條例檢討和廢除在現有政策中，有違反公平競爭的政策；

（iii）政府更不會重組已存在壟斷情況的行業市場結構，以促進該等行業的競爭；

（iv）雖然監管「合併」是訂明在香港《競爭條例》的主旨中，政府卻不會全面監管不同行業的合併行為，這只適用於監管電訊和廣播業；和

（v）條例亦不監管「壟斷性定價」。

每個國家和地區訂定其競爭法時，都一定有其獨特的社會和政治背景，但其依賴作為基礎的經濟理論，卻是相同的。競爭政策對企業行為的規管是屬於經濟學中「規範經濟」（normative economics）的範圍，執法者必須透過經濟分析，以回答應該如何執法才能達至「福利最大化」（welfare maximization）這個問題。

不同國家的競爭條例有不同的主要政策目標和應用範圍，例如：

（i）主要政策目標：經濟效率（美國），公平性（法國），限制經濟權力（德國、日本、韓國）。

（ii）應用範圍：不同國家在引進競爭條例時，為了達至政治共識和避免

市場的過分憂慮，可能會對一些產業和行為引進豁免條款；這些條款必須具高透明度，以及作經常性的檢討。這些豁免條款會削弱條例的有效性，亦會鼓勵有關的利益集團向政府遊説。

——產業豁免：農業、銀行業、海運、書報等。

——經濟實體豁免：專業行會、中小企業、工會、國營企業等。

——行為豁免：政府行為、政策性資助、危機下的行業性協議等。

在以下各節，我們嘗試綜合介紹訂立和執行競爭法的經濟理論和國際上主要的實證研究，以加強對這重要經濟立法的理解。這裏所介紹的雖然並不是完整的學術論述，我們認為已足夠讓讀者們能掌握這複雜立法背後的經濟理論基礎。

4.2 「完全競爭」及「福利損失」理論是競爭政策的基礎

在古典經濟學的理論架構下，如果「完全競爭」（perfect competition）的條件或假設在所有市場（包括產品和生產要素）都能成立，而社會每一生產者和消費者個別都採取最佳決策；在均衡狀態下，就會促使整個社會生產時達致最低成本的「生產效率」（production efficiency），以及同時達致「分配效率」（allocation efficiency）。

這個「分配效率」亦是合乎帕累托標準（Pareto Criterion）的福利條件（社會內不可能對資源再作出任何的重新調整，因而一方面可以最少使到一個人獲得額外的利益，但並不會損害其他任何人的既有利益）。這是在理論上存在的最理想狀態，但由於其背後需要符合很多嚴格的假設，它實際上並不可能存在，因而亦不能透過觀察而辨認得到；這也是在執行競爭政策時，所遇到的重大實際困難和必然面對多方面的質疑。

因此，如果某一或眾多市場的實際經營狀況並不合乎「完全競爭」市場的條件，就會出現「市場失效」（market failures）的情況，社會就一定會產生

某程度的生產和分配缺乏效率（inefficiency）。如果在一個經濟體系內，其中不少市場都不是「完全競爭」的市場，其導致「市場失效」的情況就會相當普遍，並由此推論出整體社會會蒙受很大的損失。

這種偏離「完全競爭」市場理想境界的狀況，正是決策者和經濟學者所需思考的：究竟要制定什麼內涵的競爭法和政策，才能促使市場趨向或恢復理想的境界，以達至「生產和分配效率」（Bishop and Walker, 2002; Kerber and Schwalbe, 2007）？再者，「生產效率」只是「分配效率」的必須條件，但不是充分的條件。為了提升「不完全競爭」（imperfect competition）市場內的「生產效率」，競爭法的目標就應該是促進市場的競爭性，其推論是愈大競爭會導致更大的「生產效率」。

根據「完全競爭」的理論，其對競爭政策的啟示是簡單而直接的：競爭法的目的應該是促進經濟內每一市場的競爭，以增加該等市場「生產效率」，從而改善社會整體資源的「分配效率」。那麼，競爭法的執行和法庭的裁決，應該能促使每一企業在某「不完全競爭」市場內訂定的價格，會趨向其邊際成本（marginal cost），而該等企業亦應有動機不斷優化其成本結構，以達致最低成本和謀取更大利潤。

壟斷性企業所導致的「福利損失」（welfare loss）的理論，最早是反映在傳統福利經濟學中的「淨損失」（deadweight loss）概念；以上由傳統福利經濟學中引申的「淨損失」，在理論推理上是非常簡單的，但這是建基於很多嚴謹的假設（范及莊，1992）：

（ⅰ）每個企業都在最低成本狀況下生產，其長期平均成本與邊際成本相同；

（ⅱ）該產業中的所有企業都訂定相同價格；

（ⅲ）獨佔企業和完全競爭企業面對相同的需求曲線；

（ⅳ）所有企業都以「利潤最大化」（profit maximization）為經營的目標；

（ⅴ）生產者與消費者的「所得邊際效用」（marginal utility of income）是相同的；和

（vi）不同產品間的「交叉需求彈性」（cross elasticity of demand）都為零等。

明顯地，這些假設全部都是不易成立的，經濟學者都不斷對上述的假設進行研究，並引進更實際的調整，以求推斷出在不同條件下更準確的結論。

再者，「生產效率」和「分配效率」是一個「靜態效率」（static efficiency）的概念，其背後的主要假設是生產技術不變、收益不變、偏好不變等。但是，當各因素都是不斷變化時，我們是需要一個兼顧動態的理論，以解釋市場競爭的實際變化情況。

以上經濟分析顯示市場競爭可達至經濟及動態效率。當市場內的公司進行競爭，它們為了自身的利益，需要減價、降低成本和創新以超越對手；所以，在長遠來說，競爭會增加效率，而效率的得益會轉化到消費者身上。政府促進競爭的政策，主要可以達至以下三個目標：

（i）提升產業的競爭力；

（ii）增加消費者的利益；和

（iii）促進自由創業。

競爭條例的設計是為了防止市場內擁有市場力量的個體或集團，濫用其市場優勢；這些濫用包括：

（i）透過人為的限制生產量和加價，以增加供應者的利潤，直接影響消費者的利益。

（ii）透過不公平的經營手法，以禁止競爭者進入市場或限制其競爭能力，目的是嘗試消除競爭。

4.3　「生產效率」與「動態效率」是重要政策考慮

這個增加競爭就等如促進效率的推論，在歷年各國推動競爭政策中，就面對新的挑戰。因為在不少企業行為中，包括企業在生產鏈中不少類型的「垂直協議」（vertical agreement）和「收購合併」（merger and acquisition）等行為，

就出現了市場內的競爭雖然有可能被削弱，但其「生產效率」是會有所提升的現象。

因此，如果當增加競爭和「生產效率」出現互相抵消（trade off）的情況，究竟競爭或是效率應該作主導？如果「生產效率」應該為主導，很多的「收購合併」和「垂直協議」則不應被調查和禁止，而這正是「芝加哥學派」的觀點。

一些經濟學者（如 Williamson, 1968）認為獨佔企業也會因「規模經濟」（economies of scale）及能更積極地進行「研究和發展」（R&D），反使其未來的生產成本可低於現在競爭市場的水平，這稱為「動態效率」（dynamic efficiency）。此外，企業在收購合併後，亦很可能為有關市場帶來更有效率的生產和研發活動。由於「技術創新」（technological innovation）是促進長期經濟發展的重要因素，因此收購合併也可促進「動態效率」（Aghion, Bloom, Blundell, Griffith and Howitt, 2005）。

但是，另一些學者對壟斷性企業帶來「淨損失」的理論，則再有進一步的論述。如 Leibenstein（1966）認為當企業在一行業中為獨佔時，因缺乏競爭對手的壓力，可能沒有動機把生產成本控制在最低水平。此種現象稱為「X-無效率」（X- inefficiency）。再者，如 Posner（1975）認為，壟斷性企業在為了保障或爭取其市場壟斷地位時，可能要採取賄賂或其他經濟措施（如擴大生產能力、賣廣告等），其壟斷性利潤亦因而減少。這種包括「尋租」活動（rent seeking）所產生的成本，對社會亦是一種損失。

Leibenstein 和 Williamson 不同的分析和結論，都是須要以產業的市場資料，才可驗證實際的情況。雖然整體社會福利是有可能在獨佔市場下提升，這也涉及到部分消費者所得轉移到生產者手中作為代價（因價格被提升），因此亦出現消費者利益應如何保障的問題。

在這情況下，各國競爭法對企業間採取「合謀」（collusion）的行為，以形成行業內的壟斷，都認為是嚴重的罪行；這包括價格上，以及產量和市場分割的「合謀」協議；但為了兼顧「動態效率」和一些特殊的經濟情

況，通常都會為某些「協議」（agreement）引進一些「豁免條款」（exemption clauses），這包括：

（ i ）為降低成本、改良品質或增進效率，從而統一商品規格；

（ ii ）為提高技術、改良品質、降低成本或增進效率，而共同研究開發商品；

（iii）為促進中小企業之經營效率，或加強其競爭能力；和

（iv）為促進本國企業在國際貿易的競爭力。

　　其實，競爭是一個「尋找」（discovery）的動態過程（Hayek, 1978），是一個尋找新技術、新知識、新經營模式的過程。再者，根據管理學者（Prahalad and Hamel, 1990）的分析，企業競爭優勢的根源，在於企業的內生「核心能力」（core competence），這能力得以持續發展，就可使該企業的短期優勢，延展成長期的優勢。新古典經濟學的理論，至今仍未能有效的整合「技術創新」和其相關的不同動態理論。從另一方面看，「完全競爭」的理論只是一個分析市場內如果有無限供應者時的運作模式，這並不是一個完整解釋競爭的理論（Demestz, 1982）。

　　一個競爭政策如能同時達到「靜態效率」和「動態效率」，這是大多數經濟學者可以接受的目標。但這「動態效率」的政策目標，背後並沒有一個如古典經濟學理論的嚴謹架構所支持，只可算是一個主觀的共識（Kerber and Schwalbe, 2007）。而在制定具體政策方面，歐盟在定義上訂明「有效競爭」（effective competition）的多元目標，就比較合乎這個準則，這正是消費者所期望的。然而，在歐美早期有不少案例，特別是涉及「收購合併」的，法庭對「動態效率」的長期效果，當時並沒有足夠的考慮（Kirchner, 2007）。

4.4　「總體社會效益」挑戰「消費者效益」

　　在推動「反壟斷」競爭政策時，要同時兼顧「靜態效率」和「動態效率」，以促進消費者利益，這目標是獲得較大的共識。但有關禁止「濫用市場優勢」

的政策，學術上仍有較大質疑，因其涉及「利益的重新分配」（redistribution of benefits）。

在這裏，某一市場內的「總體社會效益」（total social welfare）是包括生產者和消費者的總和，這與單方面的「消費者效益」（consumer welfare）應如何作出比較（Crampton, 1994）？在判斷上就容易出現矛盾（Neven and Roller, 2000; Williamson, 1968）。

如果以「消費者效益」作為唯一的指標，在一項有關「收購合併」是否會影響消費者的調查中，只需評估產品售價在合併後，短期是上升或是下降就可以。這明顯是不足夠的，因合併後的新企業在經過一段時間後，可能達至更大的經營規模，更多技術創新，產品的質素有所改進和更多元化。因此，不少經濟學者認為競爭法的執行應以「總體社會效益」為目標（這是包括生產者的利益），而有關的「分配效果」（distributional effects），則應以稅收和其他社會政策處理（Kaplow and Shavell, 1994）。

由於帕累托標準的福利原則非常嚴格，絕大多數的公共政策都不能合乎這標準，因此，在福利經濟學中，就有另一個涵蓋較大範圍的「福利最大化原則」（principle of welfare maximization），即 Kaldor-Hicks Welfare Criterion。這「總體社會效益」的原則，視乎有關的商業行為是否可以帶來更大的社會利益，已成為各國法庭判案須參考的重要基礎。在進一步的理論發展方面，有些學者建議涉及日常生活的必需品，競爭政策應採用「消費者效益」的原則，而涉及非必需品的情況，「總體社會效益」則可以是政策考慮的主體（Kerber and Schwalbe, 2007）。

4.5　競爭政策由「結構學派」向「行為學派」演進

美國反壟斷法《謝爾曼法案》（Sherman Act）在 1890 年通過，這法案直接影響到不同產業的發展。在對產業有系統性研究方面，美國學者 Mason 在 1939 年提出「產業組織」（industrial organization）的基本理論，以及 Bain

（1959）等後來發揚光大，這就確立了產業「結構學派」（Structurist）的理論觀點：此學派認為市場結構的不同，會決定不同產業中企業的行為，這也反映在其產品價格上，因而決定產業的整體表現。這對政策引申的結論是：政府只要集中控制產業市場的結構，這就是反壟斷政策賴以成功的關鍵所在。這立場自 1950 年代已獲大多數美國經濟學者所支持。

但是根據較近期的「行為學派」（Behaviorist）的理論（「芝加哥學派」的研究提供了主要的理論基礎，並可參考 Kwoka and White〔1998〕；Jolls, Sunstein and Thaler〔1998〕；Tor〔2002〕），市場出現有壟斷性企業的原因很多，不一定是需要取締的，這包括：（i）可能是市場經過長期激烈競爭的結果；和（ii）市場的情況只適合一家經營，包括需要先作大量固定成本的投資，引進額外生產者則會降低整個行業的成本效益，對消費者亦不利。

「行為學派」認為競爭政策的重點，如果是集中在「結構學派」所建議的管制市場結構入手，很可能會降低企業的「生產效率」，使整體社會蒙受損失。壟斷性企業值得關注的重點，應該是否其有「濫用市場力量」，因而造成市場內的不公平競爭，並損害消費者的利益。這些壟斷性企業可能採取「濫用市場力量」的不當行為，這包括（范及莊，1992）：

（ i ）如壟斷性企業擁有一定程度的「獨買能力」（monopsony power），可對上游的供應商「壓價」（price squeezing），這對其他同行競爭對手不公平；

（ii）如壟斷性企業是一個供應商，其對下游買家採取「價格歧視」（price discrimination）的策略，這對不同買家會造成不公平競爭；

（iii）如壟斷性企業是一個供應商，其要求下游買家一併購買他們不願意購買（或競爭性較強和選擇較多的其他相關產品）的產品，這「搭售」（tie-in sales and bundling）的行為，會不合理地增加下游買家的經營成本；

（iv）如壟斷性企業是一個供應商，其要求下游零售商就其供應商品維持「最低零售價」（retail price maintenance），這會妨礙下游零售商間的

競爭；

（ⅴ）如壟斷性企業是一個供應商，其要求只能與之交易，不能與其他同行競爭對手交易（「排他性條款」〔exclusion clauses〕），這會影響其他同行競爭對手的經營；

（ⅵ）如壟斷性企業是一個供應商，其在沒有合理的原因下，「拒絕出售」（refusal to sell）商品予某些下游買家，這些下游買家的正常業務會受到不利影響；

（ⅶ）如壟斷性企業採取「掠奪性訂價」（predatory pricing），將售價訂低於平均成本，甚至在平均變動成本之下，目的和效果是打擊市場較小規模的競爭對手或潛在進入市場的新競爭者；

（ⅷ）如壟斷性企業擴大產能，以阻礙新競爭者進入市場；和

（ⅸ）如壟斷性企業以減產而提升價格，這會損害消費者的利益。

總的而言，「行為學派」認為競爭政策應以某些具壟斷性企業的商業行為，是否造成市場內的不公平競爭而作出合理的分析和判斷，而不應只以某企業是否因壟斷的身份，就以此作為管制和干預的依據（這是「結構學派」的推論）。在近年歐美各國在競爭法或反壟斷法的執行中，都加強了以「濫用市場力量」的行為為干預的基礎；執法機構是先對「市場力量」的認定（先定義「市場」，再由市場佔有率〔market share〕評估「力量」）；第二階段是對「濫用」的因果關係作研判。

4.6　「相關市場」的定義

「相關市場」（relevant market）的定義是執行競爭政策的關鍵概念，而這些經濟分析則主要建基在古典經濟學提出的「市場結構」的論述上：市場的範圍不只限於物品進行交易的實質場所，亦包括了所有個人和企業進行相關物品買賣和交易活動的全體領域。所以不少學者都同意：只要能決定了何謂「相關市場」，許多「反壟斷」和「濫用市場力量」案件的結果，已顯而易見。

「相關市場」的定義在具體執法時則是非常複雜，需要以實際驗證確立三大經濟概念：

  （i）「相關產品市場」的定義（I）——相關產品間的需求代替性（例如在研究鮮牛肉市場是否被壟斷時，就要研究鮮牛肉、冰鮮牛肉、鮮豬肉、冰鮮豬肉等之間對消費者的選擇是否有代替性的）；

  （ii）「相關產品市場」的定義（II）——不同供給者代替性（例如在研究大型超市是否壟斷售賣某牌子的飲品時，就要研究其他小型超市、雜貨店、便利店等的市場競爭狀況）；和

  （iii）「相關地理市場」的定義：區域間交易的障礙、時間、潛在競爭、產品差異化等。

「相關市場」是指在一特定的地域環境內，一系列包括所有合理地可替代的商品，以及所有在合理範圍內的其他競爭供應商；當其中涉及被研究商品的價格面對「小幅顯著而持久的價格上升」（a small but significant and non-transitory increase in price, 5% to 10%; SSNIP）時，消費者是可以在其他可替代商品中和該地域環境內的其他競爭供應商中作出選擇。

  在這複雜概念下，各國執法機構都要設計一套實際可行和具透明度的方法，讓企業可作依據。舉例說，美國司法部在調查企業的「橫向合併」（horizontal merger）行為時，其所採取「相關市場」的定義則是依據以下的一個分析架構（US Department of Justice and Federal Trade Commission, 2010）：美國司法部會採用一項「假設壟斷者測試」（hypothetical monopolist test），集中由最重要的涉案產品出發（例如在一涉及兩間美國航空公司的合併案中，收購將主要影響一些國內短途點對點的市場，其代替品則有火車、公共汽車和私家車），然後逐漸增加一些消費者認為在現行價格下的良好替代品。第二步是假設涉案產品價格小幅顯著而持久的增加，並估計有多少消費者因而選擇其他替代品；這方面的研究，除了要參考相關的國際案例和經濟理論外，亦要進行消費者行為的調查。

  如果有很多消費者選擇離開，使涉案企業調升價格的結果沒有利潤可

言，則表示提議的市場太小。司法部將重劃市場範圍，增加替代品，然後重複上述過程；直到大部分消費者面對「小幅顯著而持久的價格上升」時，並不會再選擇其他替代品，這一系列的商品即被視為「相關市場」的產品，而該合併企業的「市場佔有率」，就會以此「相關市場」的定義作為計算的基礎。

什麼叫做「小幅顯著而持久的價格上升」？美國司法部的一般定義是指產品價格持續一年上升 5% 值，不過產品價格上升的幅度與時間，在不同的個案中，仍需依據不同產業性質而作出調整。當然，如果相關企業是生產一系列的產品，以上的研究就要引申到其他較重要的產品。如何準確評估消費者對價格變動的反應，其實並不容易，而「相關市場」的評估就只能是一個「大約」（approximation）的概念。

這一應用在美國「橫向合併」的「相關市場」研判架構，亦一併應用於其他「反壟斷」和「濫用市場力量」案件上，而歐盟的執法依據也大致相同。

4.7 「芝加哥學派」對競爭政策的啟示

「芝加哥學派」強調競爭政策的唯一目標，是增進市場的「生產效率」及「分配效率」（Bork, 1993），由於市場本身就具有自動調節的能力，因此他們支持政府實行較寬鬆的監管，以免影響市場的正常運作。有評論指「芝加哥學派」的思想在七八十年代對美國競爭法的執行有着顯著的影響（Atkinson and Audretsch, 2011）。

以「掠奪性訂價」為例，傳統「芝加哥學派」的學者認為該做法難以產生壟斷的情況（Easterbrook, 1981; Posner, 1979; McGee, 1958）。他們認為這種以本傷人的策略，即使能夠逼使競爭對手離開市場，但掠奪者自身的利潤也會受到嚴重的影響。一旦掠奪者將價格提升至「壟斷價格」（monopoly price），新的競爭者就會進入市場，從而令價格回落到「競爭水平」（competitive level），導致掠奪者無法追回在降價時所犧牲了的利潤。假定「利潤最大化」是企業的唯一目標，企業以「掠奪性訂價」來壟斷市場的可能性非常低。

美國最高法院在 1986 年否決 Matushita Electric Industrial（亦即 Panasonic Corporation 的前身）實施「掠奪性訂價」時，正正就是採立了這一觀點。

此外，Telser（1960）也指出「強制零售價」或可能加強下游零售商之間的「非價格競爭」，從而使消費者得益。Klein, Crawford and Alchian（1978）認為「垂直的企業合併」（vertical integration）及其他市場內形成的長期合約，只是反映不同企業內所涉及的不同合約內容和相關的交易成本（transaction costs）。另一方面，Manne（1965）認為在市場的收購合併行為，都是由高生產效率的企業收購低生產效率的企業，目的是為企業創造更大價值和生產效率。

在促進市場效率的大前提下，經濟學者亦非常關注監管當局和法院可能「錯判」一些反競爭法的個案，及其帶來的社會成本。Rubin（1995）曾經發表了一篇非常重要的文章，他研究了美國二十三個曾被起訴反競爭行為的重要案例，如果從經濟效率的角度，法庭能正確裁決的只有不及其中 50% 的案件。而法庭對「錯判」案件所提出的所謂改善或補救措施，更可能是錯上加錯。對這樣的判決，很多經濟學者反而同意，如果政府不對這些個案都進行調查和進一步起訴，對社會的整體經濟利益可能更大。著名的「芝加哥學派」經濟學者 George Stigler 在 1971 年發表的關於監管者與被監管者關係的研究中，質疑監管的成效及必要性。他指出監管者會逐漸受制於被監管者，監管者的政策也會受被監管者的影響，從而鞏固了被監管者的利益及其壟斷地位。

在競爭政策的範圍裏，監管原本的目的是促進市場有效運作和保護消費者。「芝加哥學派」特別就「掠奪性訂價」和「強制零售價」所作的分析，對競爭法的執行有重要的影響。他們認為要證明企業曾採取「掠奪性減價」的策略，從理論的推斷和實際的驗證，都極不容易，而在「強制零售價」方面的研究也指出了這營商手法促進效率的可能性。

然而，隨着經濟理論的發展，傳統「芝加哥學派」的學說也受到不少挑戰。再次以上文提到的「掠奪性訂價」為例，「芝加哥學派」認為實施這策

略的企業會蒙受虧損，從而推論「理性」（rational）的企業不太可能採取這一下策。但時至今日，不少新型的經濟理論都從「博弈論」（game theory）的角度證明了即使是「理性」的企業，亦有動機採取這種策略來達到壟斷市場的目的（可參考 Bolton et al., 1999; Kreps and Wilson, 1982; Milgrom and Roberts, 1982）。另一位著名經濟學家 Joseph Schumpeter 在 1942 年提出的「創造性破壞」（creative destruction）理論，則主張市場上真正的競爭是源自技術及產品的不斷創新，而這理論所提出的「動態效率」，在競爭法的實施中亦逐漸受到重視，例如 Sidak and Teece（2009）及 Evans and Hylton（2008）認為在分析企業的行為是否違反競爭法時，除了考慮該行為對「分配效率」的影響，亦應考慮「動態效率」長遠對經濟帶來的效益。

這些理論的發展，對反競爭行為的定義提供了更多元化的分析角度。近年來，各國在審批重大收購合併個案時，都會考慮以下的因素：

（ⅰ）合併會否引致有實力對手的消失，因而嚴重影響競爭；

（ⅱ）市場可提供代替品的程度；

（ⅲ）進入市場的難易程度；和

（ⅳ）市場創新環境的變化等。

在研究市場進入限制時，情況是比較複雜和多面性的，其中因素包括：

——（ⅰ）有關行業的規模經濟性、產品的多樣性、專利、商業等都會影響市場進入的難易程度；

（ⅱ）政府對行業有監管條例的限制；

（ⅲ）現在經營者採取策略性行為，以壓止新競爭者進入市場；和

（ⅳ）其他因素包括：其他經營者的市場佔有率、其他經營者的發展是否受限制、是否有大買家行業的垂直結合程度等。

至於「寡頭壟斷」市場（oligopolistic market），「產業結構學派」的觀點是在這種市場結構下，企業傾向有「合謀」或成立「卡特爾」（cartel，即「同業聯盟」）以提高售價和瓜分市場的動機。相反，自由學派的經濟學者則經常強調要維持「卡特爾」的成本很高、新入行者亦可能挑戰現有的聯盟、成員

間亦會互相欺詐等，最終會令「卡特爾」自動解體，因此政府無須立法禁止。但如果我們參考歐盟的案例，就會知道不少「卡特爾」都能維持十年以上，其跨國性和全面性亦使人震驚，可見市場的自動調節能力並不足夠。即使「卡特爾」最後真的會解體，消費者和其他一些生產者已在過程中蒙受很大的損失。在愈來愈重視經濟公平的政治環境下，人民很願意看見政府「主持公道」，這也是一項非常重要的政策考慮。

歐盟在近年的裁決中，都加強保障消費者的利益，因此禁止「卡特爾」和「濫用市場力量」，成為執法的首要目標。「芝加哥學派」所強調的「經濟效率應為考慮這類案件的唯一指標」，基本上已被更多元的政策目標所取代（Werden, 2004; Bishop and Walker, 2002; Lande, 1989）。

4.8 競爭政策與經濟發展的實證關係

經濟理論無疑對競爭法的執行及發展有着重要的影響。但是，這些理論所提出的概念，包括「福利損失」、「生產效率」等，在現實中並不容易準確估算。例如「芝加哥學派」經常挑戰競爭法的執行和裁決，認為當中有嚴重偏差和錯誤、效果不明顯、執法矛盾等，但其論述普遍都是以理論為主。至於「福利損失」的實際計算，由於涉及的技術繁複，大部分的實證研究都只是集中於第一階段的福利「淨損失」的估算，而忽略了「X– 無效率」與「尋租」等因素所帶來的損失。而且這些研究的結論都差異甚大，對政策的啟示也含混不清。

競爭政策與經濟表現的關係，近年愈來愈受到各國政府的關注，因此執行競爭法的有效性，亦是很多經濟學者和有關當局的重要研究課題（Nicholson, 2008; Hylton and Deng, 2007; Gal, 2004）。Crandall and Winston（2003）認為現有的證據未能清楚地證明競爭政策對各種「經濟福利」（economic welfare）有直接的貢獻。另一方面，競爭法與生產力變化和價格穩定的關係的研究（例如 Aghion et al., 2005），亦出現模稜兩可的結論。

近年亦有研究證明競爭法的執行與經濟增長及「總要素生產力」（total factor productivity）具有高度的相關性（High correlation）（Borrell and Tolosa, 2002; Dutz and Hayri, 2000）。例如，Sinderen and Kemp（2008）指出荷蘭在 1998－2007 年間執行競爭政策的確帶來正面的影響，估計「消費者效益」增加了 42 億歐元，經濟生產增加了 0.5%，就業增加了 0.4%，勞動生產力上升了 0.1%。Ma（2010）的跨國研究亦甚具啟發性，他以 101 個有競爭法的國家數據為基礎，指出競爭法對經濟的貢獻與其本身經濟發展階段有着直接關係。當整體制度結構未達到一定的水平時，競爭法對這些發展中國家的經濟的提振作用有限，亦未能為促進市場競爭帶來明確的影響。

至於對已發展國家和中度發展國家，「執法效率」（enforcement efficiency）會影響競爭法對經濟增長所帶來的正面作用。Buccirossi et al（2009）分析了二十二個 OECD 國家，並就每個國家中十二個不同行業的數據進行研究，他們發現在 1995－2005 年間，競爭政策的確有助提升了這些已發展國家的「總要素生產力」；更重要的是，他們發現競爭政策對生產力的影響，在擁有良好法律制度及執法成本低的國家更為明顯。由此可見，競爭政策能否有效推動經濟發展，很大程度上取決於經濟發展階段、國家的法制等的其他因素。

此外，近年愈來愈多國家要求執法部門評估執行競爭法所帶來的效益。例如，英國政府就為其公平貿易辦公室（Office of Fair Trading）設立了消費者得益應為營運成本的五倍的目標。這目標不但能確保納稅人的稅款得以有效運用，亦是一個有效的行政管理工具。由於有關機構的營運成本通常是由政府財政直接承擔，所以比較容易計算；相反，競爭法為消費者帶來的得益則是比較難估算，亦同時被經濟學者質疑。

4.9　小結

經濟學發展了多元的競爭理論和內涵，《競爭條例》應該是達致怎樣程度的競爭？這基本上是政府代表市民作出的一個主觀性決定。競爭法涉及龐

大的經濟利益，在執行時亦要兼顧市民在政治和社會理念的期望，更要面對很多理論和實際上不明朗的因素。那麼，一條能配合社會和經濟需要的競爭法，必須回應以下四大問題：

（ⅰ）競爭政策旨在達到什麼程度的「靜態效率」和「動態效率」？

（ⅱ）競爭政策要以什麼成本去保障「消費者利益」？

（ⅲ）競爭政策願意對中小企業作多大的保護，免受大企業的不公平對待？

（ⅳ）競爭政策願意放棄多少的「總體社會效益」，以減少「濫用市場力量」所導致的「利益重新分配」？

因經濟學未能提供足夠的客觀標準，以詳細判斷壟斷性企業對價格或競爭對手的影響達到什麼程度，才構成違法的情況，因此法院在引用經濟學對壟斷行為和市場力量進行分析時，必須由法院訂定一個客觀判斷的基礎。除非法院能夠正確計算「效率損失」（efficiency loss）為判案的標準，否則其判決的依據和結果，必然會不斷受到經濟學者的質疑。

香港在執行競爭條例方面，由於剛剛起步，經驗不足，必須考慮以下的特殊情況：

（ⅰ）法律嚴謹性和常識理解間的取捨，在法例執行之初，關係較複雜，市民不容易理解「競委會」和法庭的裁決；

（ⅱ）香港不少行業都由國際大企業所控制，這些大企業在海外亦有濫用市場優勢的記錄，他們在香港有頗大的政治能量；

（ⅲ）由於歷史的原因，香港不少行業的橫向和縱向聯繫比較深入，不利競爭；和

（ⅳ）由於香港沒有一個強大的科技產業，創新能力比較弱，這也影響到香港不同行業的動態經濟效益。

競爭條例是把經濟概念寫成法律，繼而應用法律和司法程序於經濟事務上，例如競爭條例禁止了濫用市場優勢，以促進競爭。這項法律並不容易被理解引用，除非它的經濟內涵獲得清晰的論證。這是一項以經濟學為主體的

法例，而經濟學在競爭領域的學術發展仍不斷演進和深化，因而法庭的判決不時受到經濟學者的質疑。

在九十年代，美國和歐盟曾檢控超過四十個國際「卡特爾」，他們在美國及歐洲進行合謀定價，隨後美國的消費者都進行民事訴訟，要求賠償，但是這些涉及全球業務的「卡特爾」，在各發展中國家中，並沒有受到法律的挑戰，也沒有作出過賠償（Levenstein and Suslow, 2003）。這些大企業在發展中國家獲得龐大的利益，足以彌補在歐美賠償的損失。很多發展中國家在執行競爭條例時，有很多不足之處；國際大企業仍有很大空間，透過合謀定價謀取暴利，對此必須關注。

第五章

香港《競爭條例》基本架構

5.1 簡介

香港《競爭條例草案》於 2010 年 7 月提交立法會審議,繼而在立法會經歷了連串激烈的討論和多次公開聆訊。《競爭條例草案》原稿較符合全球競爭法的原則,該條例草案中主要參考歐洲及其他地方的法例。在《競爭條例》立法之前,香港禁止反競爭行為只限於電訊業及廣播業(見《電訊條例》及《廣播條例》)。

2012 年 6 月 14 日,香港立法會三讀通過《競爭條例》,正式成為香港法例的 619 章,其生效日期將由商務及經濟發展局局長另行決定。政府在 2013 年 6 月公佈「競爭委員會」成員名單,並於 9 月公開招聘高層管理人員;法例的具體執行在 2015 年 12 月才正式開展。

5.2 香港《競爭條例》立法目的

《競爭條例》的目標,是為香港制定一套防止有害市場自由競爭的法律制度,法例將涵蓋所有行業。整條法例分為 12 個部分,共 94 頁之長,有 177 條條文;基本上,由理念到制度設計方面,都是希望能與國際上先進的競爭法司法體系(特別是歐盟)接軌。

條例的 12 大部分,分別是:

（一）導言（Preliminaries）

（二）行為守則（Conduct Rules）

（三）投訴及調查（Complaints and Investigations）

（四）競委會的強制執行權力（Enforcement Power of Commission）

（五）由審裁處覆核（Review by Tribunal）

（六）於審裁處強制執行（Enforcement Before Tribunal）

（七）私人訴訟（Private Action）

（八）披露資料（Disclosure of Information）

（九）競爭事務委員會（Competition Commission）

（十）競爭事務審裁處（Competition Tribunal）

（十一）關乎電訊及廣播的共享管轄權（Concurrent Jurisdiction Relating to Telecommunications and Broadcasting）

（十二）雜項條文（Miscellaneous）：第十二部分的雜項事宜，包括了費用、公職人員的個人豁免權，文件送達的情況；高級人員、僱員或代理人的彌償情況；罰款，罪行，及相關、相應、過渡性及保留條文等事宜。

這法例會禁止三大類反競爭行為，包括：

（i）涵蓋協議（restrictive agreement）；

（ii）濫用相當程度的市場權勢（misuse of substantive degree of market power）；

（iii）只適用於電訊和廣播業的收購合併活動（merger and acquisition）。

法例下會成立兩個機構：「競爭事務委員會」（Competition Commission），成員由特首委任，負責調查及執行法例；「競爭事務審裁處」（Competition Tribunal），由一位高院原訟庭大法官級別的法官主理審訊。這兩個機構有相當大的調查權及司法權力。

「審裁處」有權向違反競爭守則的一方判處罰款，上限為涉事單位在違反發生年度中營業額的 10%，亦可判決須向受損者給予賠償等，這些權力與歐盟條例中的類似權力看齊。此外，「競委會」可以制定、詮釋及實施競爭守則

的「指引」（guidelines）；在這授權下，可因應香港市場的特殊情況，較靈活地訂立促進競爭的遊戲規則。

5.3　香港《競爭條例》的限制

香港的《競爭條例》只聚焦在私營企業的部分「反競爭行為」（參與「合謀」〔第一行為守則〕和「濫用其市場權勢」〔第二行為守則〕）；以下五大項的「反競爭行為」仍不受監管：

（ⅰ）原則上，政府不會全面監管及處理政府和法定機構的經濟及商業活動；

（ⅱ）政府不會藉此條例檢討和廢除在現有政策中，有違反公平競爭的政策；

（ⅲ）政府不會重組已存在壟斷情況的行業市場結構，以促進該等行業的競爭；

（ⅳ）雖然監管「合併」是訂明在香港《競爭條例》的主旨中，政府卻不會全面監管不同行業的合併行為，這只適用於監管電訊和廣播業（這原本已訂明在法例第 106 章的《電訊條例》第 7 條，以及法例第 562 章的《廣播條例》的第 13 條和 14 條）；和

（ⅴ）條例亦不監管「壟斷性定價」。

5.4　競委會發出六項指引

在競爭事務方面，通訊局在 2015 年 12 月 14 日《競爭條例》全面實施前，分別執行《電訊條例》和《廣播條例》下的競爭條文。在《競爭條例》全面實施後，《電訊條例》和《廣播條例》下的競爭條文則予以廢除。

《競爭條例》適用於所有行業，包括電訊業與廣播業。競爭事務委員會是執行《競爭條例》的主要執法機構；通訊局獲共享管轄權，可就電訊及廣播

業持牌人的反競爭行為進行調查，並向競委會審裁處提出法律程序，要求審裁處裁定有關行為是否違反《競爭條例》，並施加罰則。競委會和通訊局已簽訂諒解備忘錄，以協調雙方履行有共享管轄權的職能。

在 2014 年 10 月 10 日，競爭事務委員會連同通訊事務管理局聯合發表《競爭條例》之下的六大指引的草擬文本（draft guidelines），公開諮詢公眾，這是競委會全面實施這條法例之前預備工作的最後一步。諮詢為期甚短，當中有三項涉及程序性指引，分別是「投訴草擬指引」、「調查草擬指引」及「申請草擬指引」（豁除及豁免），提交意見日期是 11 月 10 日之前，即諮詢為期一個月。本書詳細討論的「第一行為守則指引」、「第二行為守則指引」，還有有關「合併守則指引」，是實際性指引，提交意見之日期是 12 月 10 日或之前，亦只有兩個月時間，結果是指引在無爭議下順利通過了。

這些指引雖並非《競爭條例》的一部分，而又極為重要。指引載述競委會將如何詮釋《條例》，有助各界了解競委會將如何執法。但指引並不能代替法例條文，如企業不同意競委會對《條例》的詮釋，便需交由競爭事務審裁處及其他法庭釐清相關的法律立場。對一般人而言可能甚為混亂，原因是競爭法的主要文本轉植自歐盟條約中的文本，為大陸法體制，非常的原則性，只有幾行文字，如何理解這類原則性的文件，對律師或是競委會的專家以至法官也並不容易，背後有大量的案例及法律文獻作參考，但為方便一般人，特別是商界能更充分理解法例所針對反競爭行為的精神和行為，所以競委會要公佈這套指引。

大家看了法例文本，參考了本書所介紹的數十個案例，再細讀有關的指引，是否就能清楚肯定某一類行為是否違反《競爭法》呢？不一定，因為最終還是需經競爭事務審裁處或其他法庭經審裁，以釐清相關法律的定義，這才是香港的法律制度。

除了合併守則外，所有指引適用於香港的各行各業，競委會會用一致的執法模式。競委會將會編製切合個別行業或個別中小企行業的刊物，目的是有關的持份者能有更多資料以判定某一行為是否違反競爭。其他的政策問

題，包括如何引用寬待協議（leniency agreement）及執法的優先次序等事宜，會再發文件，以求一切執法過程是公平、公正及具高透明度。

當法例生效之時，競委會在決定何時就個別投訴採取行動，優次先後會考慮下述各點：

（i）有關行為是否對消費者或企業有重大損害，或對香港經濟已經有重大影響；

（ii）有關行為是否涉及高度集中的市場，並限制了其他企業進入市場或擴張業務；和

（iii）是否有證據顯示有關企業公然違反競爭，無視法律。

根據消委會的長期關注，超級市場及汽油站都可能涉及違反競爭的行為，競委會極有可能作優先跟進。

5.5　私人訴訟（Private Actions）

基本上，有關的私人訴訟本來有三大類別，分別是後續的私人訴訟權利（follow on action）、獨立的私人訴訟權利（stand-alone-action）及代表訴訟（representative action）的權利。代表訴訟在香港是理論上存在的制度，但由於技術理由，從無成功的例子。在《競爭條例》草案的諮詢文件之中，曾用大篇幅建議簡化司法程序，以支持集體訴訟，但到了草案之時，這一部分在沒有任何解釋之下消失了，只餘下後續的訴訟權利。

5.5.1 代表訴訟或集體訴訟並未落實

在《競爭條例》草案的諮詢報告中，曾經提議在獨立及後續的私人訴訟以外，容許代表訴訟（representative actions）的存在。這一類別的法律行動是經由一個集體（class）中的個人或數人代表其他人（同一集體）進行訴訟，最直接的是大企業的行為令股東受損時，單一小股東就可以提出集體訴訟，令所有類似權益受損的股東同樣獲得賠償。

可以想像得到在違反競爭守則行為的事件中，代表或集體訴訟對訴訟人是十分有利的。消費者權益的組織、行業工會有較大的能力就影響集體利益的反競爭行為提出訴訟。英國的集體訴訟案例包括：作為消費者的多名原告就欠妥的貨品或服務提出申索，或眾多人士就環境受污染所引致的損失尋求賠償。據英國的案例，代表訴訟有三樣必須符合的標準：

（i）共同的利益（common interest）；

（ii）共同的冤情（common grievance）；及

（iii）所謀求的補救，必須有益於代表人所代表所有當事人（relief sought must be beneficial to all parties represented by the party on the record）。

法庭保留了是否批准代表訴訟的酌情權。代表人如發出令狀（writ），必須註明是以代表的身份提出令狀，而有關的訴訟為代表訴訟，訴訟不會因個別代表，因任何理由退出而終止。代表訴訟在法律上最特別之處，是訴訟的判決對被告代表的集體（all members of the class）的所有成員有約束力。

代表訴訟或集體訴訟權，對受損害的個人和中小企業非常重要，特別在一些影響公平競爭的訴訟。一個中小企業的代表，就某一類行為提出訴訟，其結果會為某類行為是否違法下結論，而裁決會自動對所有受影響的中小企業有效，其他人不必再個別進行同一類的索償。

在競爭法的早期諮詢文件中曾經建議，如審裁處（級別相等於高等法院）批准，應容許提出代表訴訟，例如消費者或中小企業的代表訴訟。審裁處必須認為代表組織能公平且充分代表有關的權益，才可批准。這樣的要求，與英國現行的制度完全一致。可惜這一提議在法案中並無落實。

諮詢文件指出，根據其他司法管轄區的經驗顯示，受反競爭行為影響的消費者和中小企業，皆不願自行向法庭提出訴訟，他們可能憂慮法律程序過於費時，所費金錢巨大，虛耗可能大過本身的損失。容許代表訴訟，可為消費者和中小企業提供途徑，在涉及最小時間和金錢的情況下提出訴訟。代表訴訟自然亦可以加強競爭法的阻嚇作用，因為違法者要向所有受影響的人士，而非單是提出訴訟者作出賠償。

5.5.2 私人訴訟被取消

雖然在諮詢文件中提及私人訴訟的建議更符合世界潮流，私人訴訟還是最終不被接納，第 108 條列明不得在《競爭條例》以外提起法律程序。任何人不得在香港的任何法院提起法律程序，不論是根據任何普通法法則或是根據成文法則亦然，這是指：

（i）有關訴訟因由是被告人違反或牽涉入違反行為守則；或

（ii）有關法律程序基於多於一個訴訟因由，而其中任何訴訟因由是被告人違反或牽涉入違反行為守則。

《競爭條例》第 109 條進一步規定，任何人不可僅以被告人違反或牽涉入違反行為守則而提出訴訟。

5.5.3 後續的私人訴訟權利

所謂後續的私人訴訟（《條例》第 110 條），是當有企業被裁定有違反競爭的行為守則之後，因為這些違法行為而蒙受損失的人，可以提出訴訟要求賠償。除第 113 條另有規定外，本條適用的申索，只可在「審裁處」的法律程序中提出；另一方面，一如其他的民事程序有時限的限制，「後續訴訟」的時間，要在所有「審裁處」或上訴程序完結之後三年內提出。

這裏回頭解釋為何會有私人的起訴權利。在漫長的法例諮詢過程之中，社會各方對於應否容許有私人訴訟（private action），也是充滿爭議的。從一個實用的層面看，容許私人訴訟，可補充政府作為主要監控防止市場有不公平競爭者的角色。同時衍生的問題，是高昂訴訟費，令到法例根本不會被私人執行。另一方面，小企業可能較大企業更不願面對私人的訴訟。中小企業之間普遍存有不少行業間的協議，原意只是保障中小企業的生存，但反而有可能被大企業利用訴訟手段騷擾中小企業的特殊運作，以便侵吞中小企業的市場，容許私人訴訟的效果，與保護競爭的目標，可以是適得其反的。

若然參考世界各地的主要競爭法制度，幾乎都有條文制度，容許獨立訴

訟的進行。香港則在規管電訊業的《電訊條例》中有類似安排。大家可以理解到，法例所提供的，是全面及基本上無限制的「起訴權」，這是説任何人只要本身蒙受了損失或損害，就應當獲得討回損失的訴訟權利。在海外的司法經驗中，包括了澳洲、新西蘭、日本、加拿大及美國，都是依這一原則。日本則加了一些小限制，只限有直接損害的一方興訟。

第六章

競爭事務委員會及反競爭執法架構

《競爭條例》如何執行？這離不開經政府機構進行執法工作或私人提出訴訟兩大類別，這是全世界皆相類似的。

在歐盟追查並懲罰那些違反競爭法的任務是歐盟委員會（Commission of European Communities），它是根據《歐洲聯盟條約》（TFEU）第 105 條的權力，歐盟委員會負責確保 TFEU 第 101 和 102 條的調查職責。TFEU 第 105 條提供了廣泛的調查權力，歐盟委員會有權要求各國政府、各成員國主管部門為該委員會提供協助。歐盟委員會有權制定寬待協議，並可罰款；歐洲法院認為，這樣的特權是由歐盟共同體法律認可。

美國競爭法的主管機關主要是司法部（The US Department of Justice）反托拉斯局（Antitrust Division of the United States Department of Justice）和聯邦貿易委員會（Federal Trade Commission）。司法部反托拉斯局既可以提起禁止繼續違法的民事訴訟，又可處以罰金，對個人處以監禁和罰款的刑事懲罰。聯邦貿易委員會可以對某種違反反托拉斯的行為作出行政裁決，可以提起民事訴訟，但不能提起刑事訴訟。香港的執法機構為「競爭事務委員會」，司法機構則為「競爭事務審裁處」。

6.1　競爭事務委員會的職能及工作（Functions and Powers of Competition Commission）

「競爭事務委員會」（「競委會」）是負責執行《競爭條例》的「法定機構」，其權力及工作範圍由法律所規範。競委會並非特區政府的受僱人或代理人，亦不享有特區政府的任何地位、豁免權或特權；我們可視競委會如證監會、金管局等同類級別的獨立法定機構。

就法例的安排，競委會有兩層架構，決策層的委員會是由特別行政區行政長官所委任，人數不少於五人及不多於十六人，當中包括一名主席。委員會之下則另有一層執行架構，競委會的行政工作由行政總裁領導，總裁的人選由競委會在得到行政長官同意後委任。競委會須受《防止賄賂條例》及《申訴專員條例》的規管，並須接受審計署署長的衡工量值式審計規範。

《競爭條例》第 130 條訂下競委會有以下的「法定職能」：

（ⅰ）調查可能違反競爭守則的行為，並執行條例；

（ⅱ）進行提高公眾對競爭的價值，以及法例如何促進競爭的了解；

（ⅲ）推動企業採用適當的內部監控及風險制度，以符合法例；

（ⅳ）就影響香港市場的競爭事宜，對特區政府提供意見；及

（ⅴ）進行市場、法例及經濟政策的研究，以促進有關加強競爭的發展。

6.2　競委會的法定權力（Powers）

《競爭條例》第 131 條訂下競委會有以下的法定權力：

（ⅰ）訂定、執行、轉讓、更改或撤銷任何協議，或接受任何協議的轉讓；

（ⅱ）收取及運用金錢；

（ⅲ）在財政司司長的批准下借款；

（ⅳ）以財政司司長批准的方式，將並非即時需用的「競委會」資金作投資；及

（ⅴ）在行政長官的批准並符合職能或宗旨下，參加促進競爭或推廣競爭
　　　法律的國際組織，成為其正式成員或附屬成員。

6.3　競委會接受投訴與調查的權力

關於政府如何開展一宗有關違反《競爭條例》的調查，調查之時所擁有
的法定權力，還有與違反這些調查權之時涉案者會犯的罪行，這些都與競
委會能否有效展開工作，能否取得公眾的信任與建立適當的威信，可謂息
息相關。這是極為重要的，沒有配合的權力，競委會就會如現時的消費者委
員會一樣，被視為無牙老虎。基本上競爭法中的調查安排，與歐美的制度相
近，競委會的調查權亦相當大，與廉政公署或是證監會一樣，有權傳召被認
為知情者查訊，並要求提供資料，拒絕合作將會是犯法的事。

先說接受投訴方面。法例只訂明競委會須發出指引，示明須以何方式及
形式作出投訴。原則是任何人皆可以投訴，但投訴不一定受理。作出投訴者
可以指控某企業（業務實體，undertaking）已違反、正違反或準備違法某競
爭守則；換言之，投訴是可以先於事實的發生。但競委會保留不接受投訴的
權力，若然認為有關的投訴屬微不足道、瑣碎或無理取鬧（trivial, frivolous
or vexations），或投訴是基於錯誤理解的，或缺乏實質內容（misconceived or
lacking in substance）；保留拒絕受理的權力目的之一，是保護中小企業免受大
企業的訴訟纏擾。

《競爭條例》第 39 條訂下競委會有進行調查的權力。但在未有投訴人的
情況下，競委會還可以在原訟法庭轉介予競委會作調查，或是在特區政府將
任何行為轉介予競委會進行調查的情況下，自行作出調查行動。法例之內的
規限，是競委會須有合理懷疑，違法競爭守則的行為曾經發生、正發生或將
發生，方可以依法進行調查。先於違法行為的調查權，有助預防違反競爭的
行為出現，這是比較進步的做法。

在調查的過程之中，若競委會有合理懷疑，某人管有或控制某些文件或

資料，競委會可藉書面通知，要求該人交出文件或其複本，或提供有助調查的指明資料，銷毀或捏改文件，會構成犯罪。競委會擁有要求該人提供關於某一文件的解釋，述明該文件或提供進一步詳情的權力。

在進行調查期間，競委會可藉書面通知，要求任何人在通知上所指明的時間及地點，出席競委會的聆訊（《競爭條例》第 41 條及 42 條），就關乎該會合理地相信攸關該調查的事宜作出解答。在對答之間的過程中，競委會的任何委員可主持宗教或非宗教式宣誓。換言之，在宣誓下拒絕提供合作或提供虛假的資料及文件，可構成犯罪的行為。

這一方面的調查訊問權力，與廉政公署或證監會所擁有的調查權大致相同，亦是同類調查所必須。法例亦保留了普通法中一項重要原則，就是被調查人享有緘默權，不必就可能導致自行入罪（self-incrimination）的問題作答。而就算有作出解釋或陳述，這些解釋或陳述，不得在往後相關的法律程序中，獲接納為對該人不利的證據。

6.4　競委會的搜查權與妨礙調查罪行

為落實《競爭條例》的執行，法例除授權競委會有調查的權力之外，亦授權競委會可授權工作人員有搜查及檢取證據的權力，而妨礙競委會人員執行工作，屬犯法之事。競委會為施行《競爭條例》之內的調查權力，可以以書面委任該會的任何僱員為其獲授權人員（authorized officer）。高院原訟法庭在應獲授權人員經宣誓提出的申請，信納有合理理由懷疑在某處所內，存有或相當可能存有攸關競委會的調查文件，可發出進入及搜查該處所的手令（warrant to enter and search premises）。在取得原訟法庭頒佈的手令後，進入處所搜查、扣押和扣留證據及財產。法例（第 48 條）只要求競委會「有合理理由懷疑」違反守則的行為已經正在或即將發生；手令所賦予的權力，包括進入及搜查手令所指明的地方。在進入時，可使用在有關情況下屬合理的武力，包括破開任何在該處所內發現的物品或物件，使用在有關情況下屬合理

的設備（equipment），強行移走妨礙手令執行的人或物件，要求身處該處所的人交出看來是（appears to be）該人擁有或控制的文件。進一步，授權人可複製文件，禁止任何人移走或干擾這些文件。

若然情況是需要接管這些文件，以防止文件受干擾，或在該處所內複製該等文件，並非合理地切實可行，授權人員可直接接管該等文件。同一道理，授權人員可接管在該處所內的電腦或其他物品，若這為搜集證據所必須。

獲授權人員可請該人員認為需要的其他人協助工作，亦可要求身處該處所的任何人，就看來是有關文件提供解釋，或提供該解釋在何處可得述明。

另一方面，任何人無合理理由不遵守競委會的調查權力，或妨礙競委會的調查工作（第54條），或不肯合作，可被判刑事懲處（第52條）。任何人在被要求交出文件時，提供虛假或具誤導性的文件或資料（第55條），或蓄意地或罔顧實情地燒毀或以其他方法處置該文件、捏改該文件或隱藏該文件；或安排或准許銷毀、處置、捏改或隱藏該文件，最高可被罰款100萬元及監禁2年（第53條）。在這一方面而言，競委會的調查權力與證監會和廉政公署相近。

其他妨礙調查的罪行如相對較輕，包括在沒有合理辯解下沒有遵守規定或禁止調查人員取得文件及資料的權力；不肯出席競委會聆訊；不肯在宣誓下回答競委會要求提供解釋、進一步詳情、回答或陳述核實問題；或手令賦予的其他權力等罪行。若經公訴程序定罪，可處罰款20萬元或監禁1年。

條例還賦予競委會扣留經手令所取得的財產的權力，這是指扣留於調查所需的期間內，及進行後續的法律程序之時間內。若扣留的是文件，文件的管有人提出要求，競委會須向該人提供文件的副本，亦須在適當的地點及時間，容許管有人或該人所授權的人，查閱、複製或摘錄文件的內容。

最後，審裁處有權就據法例所取得的任何財產作出命令，包括交付予審裁處覺得有權獲得財產的人；或變賣或銷毀該財產，亦可命令財產或變賣的得益，撥歸特區政府所擁有。

6.5　披露資料、虛假資料、威嚇僱員等罪行

　　任何重要授權調查商業犯罪的法例，都有保密責任的條款，這些條款的目的，是保護被調查者的無罪假定人權，亦保障其商業機密。這些保密條款，不單對調查人員有效，亦對第三者有效。根據人權法例的案例，當保密資料落入新聞媒體之手被披露之時，能否檢控新聞工作者，就會是極有爭議而不容易有共識的道德判斷。

　　在《競爭條例》中，機密資料（confidential information）指競委會在執法的過程中，得到關乎自然人的私人事物，任何人的屬機密性質的商業活動或向競委會提供資料的人的身份。其他亦包括第三者向競委會提供的資料，而提供的條款或提供者將資料列為機密，提供者最好能提供一項書面陳述，列明該人認為該資料屬機密的理由。

　　法例的指定列名人士（specified person），包括競委會委員、僱員或代理人、電訊管理的人、影視及娛樂事務處的人、產管局的人（包括曾屬於這些機構的人），須協助將任何機密資料保密，不得向任何其他人披露機密資料，亦不得容許或准許人和其他人接觸機密資料。違法者經公訴程序定罪，可處罰款 100 萬元及監禁 2 年。被告人的辯解理由，是相信有關的資料是在合法的授權下披露，而該被告人無合理理由相信情況並非如是，或不知道亦無合理理由相信被披露的資料屬機密資料。另一類別的罪行是在根據《競爭條例》向競委會調查時所作的申述之中，提供了在重要事項上（on a material particular）屬虛假或誤導性的資料；而此申述要在明知或罔顧（reckless）該資料是否在重要事項上，屬虛假或具誤導性的情況下作出。這項罪可處第六級罰款（5 萬元到 10 萬元）或監禁 6 個月。

　　作為非指定列名人士的第三者，無論直接或間接取得機密資料，若無合法理由，例如法院的命令，或資料已披露，則一樣有保密資料的義務。否則可處同樣罰款。

　　任何僱主，不得因為僱員在與競委會職能有關連的情況下，向該會提供

材料，或作證供，而作出解僱或威脅解僱該僱員；或以任何方式歧視該僱員，或恐嚇或騷擾該僱員，或令該僱員蒙受任何傷害或損失。如有這類行為，即屬犯罪，可處第四級罰款（1 萬元到 2.5 萬元）或監禁 3 個月。

任何人無合理辯解（reasonable excuse）的情況下妨礙指明人士執行《競爭條例》之內任何職能，即屬犯罪（類似一般所說的阻差辦工），經公訴程序可處最高罰款 100 萬元，但經簡易程序則只罰款第六級。

干犯法紀行為的，當然是所謂自然人（natural person），但當公司法人犯法之時又會如何？僱員只是執行董事會的指示不予合作或干擾要作證的僱員之時，又會否自己犯法（上身）？《競爭條例》訂明，如犯此例的是法人團體，而干犯罪行經證明是得到法人團體任何董事、經理、秘書或關涉法人團體的管理者的疏忽或不作為，則這些董事、經理、秘書或管理者亦屬犯罪。在合夥人（partners）營商的情況下，犯法的行為得到任何合夥人的同意或縱容，或疏忽不作為（omission），這些其他合夥人亦屬犯該罪行。

6.6　競委會有強制執行罰款權（Fine）

在《競爭條例》具體應用的時候，競委會有強制執行權力及補救方法（remedies），沒有這些權力，不言而喻，法例就只會成為「紙老虎」，不會具備真正阻止反競爭行為的法律。

首先，競委會可以向審裁處申請罰款。競委會在進行適當的調查後，若有合理理由相信某人已違反競爭守則，或已牽涉入違反競爭守則，可在五年以內向審裁處申請罰款（如屬違反合併的守則，要在知悉後六個月內提出）。根據《競爭條例》第 6 部分第 2 分節：

（i）當「競委會」已經進行認為適當的調查後，有合理因由相信某人已違反競爭守則；或某人已牽涉入違反競爭守則，而該會認為向「審裁處」申請向該人施加罰款是適當的，「競委會」可申請「罰款」（第 93 條）。

（ii）當「競委會」提出申請，而「審裁處」應申請而信納某人已違反或牽涉入違反競爭守則，則「審裁處」可命令該人向特區政府支付「審裁處」認為款額適當的「罰款」。

「審裁處」在決定「罰款」的款額時，會考慮以下因素：

（i）構成違反行為的性質及範圍；

（ii）該行為引致的損失或損害；

（iii）該行為發生的情況；及

（iv）該「業務實體」曾否違反《競爭條例》。

審裁處在接納並決定罰款的款額時，就構成單一項違反的行為而言，「罰款」總額不得超過有關「業務實體」在該項違反發生的每一「年度」（指某財政年度，year）「營業額」（指在香港境內得到的總收入，turnover）的 10%；或如該項違反發生多於三個「年度」，總額不得超過有關「業務實體」在該等「年度」內錄得最高、次高及第三高「營業額」的三個「年度」「營業額」的 10%。

6.7　競委會有權取消董事資格（Director Disqualification）

審裁處在兩項情況下，可針對某人作出取消資格令，一是它裁定該人任職董事的公司已違反競爭守則；二是它認為該人作為董事的行為，使該人不適合涉及公司的管理。

取消資格令（disqualification order）所針對的人不得在無審裁處的許可下，在指明的期間內，擔任或繼續擔任公司董事；擔任公司的清盤人，擔任公司的財產接管人或管理人，或以不論任何直接或間接方式，關涉或參與公司的發起、組成或管理；總的時間上限為五年。

除罰款外，審裁處可發出列於法例附表之內的其他十七項命令，在正式作出命令之前，審裁處若接納某人正從事構成或準備從事違反守則的行為，臨時命令在它指明的不超過 180 日的期內生效，但審裁處可延長該時間，每

次延長的期間不得超過 180 日。下面只簡單列出上述審裁處十七項命令（列於附表三）的要點：

(ⅰ) 宣佈某人已違反《競爭法》中的行為守則；

(ⅱ) 規定違反守則的人，作出任何作為或事情，包括取消相關的交易；

(ⅲ) 禁止某人訂立或執行某協議；

(ⅳ) 禁制或處置涉案的財產、股份，或業務的營辦；

(ⅴ) 委任某人管理另一人的財產；

(ⅵ) 禁止扣起貨品、服務或不下訂單的行為；

(ⅶ) 禁止規定在任何人供應貨品或服務時，附帶有購買貨品或服務的付款或類似事情；

(ⅷ) 禁止股份投票權的持有人行使權力；

(ⅸ) 規定任何人對政府或審裁處認為適當的人付款，款額為違反守則獲取的利潤或避免的損失；及

(ⅹ) 為確保上述命令得以實施的其他命令。

6.8　競委會有權發出違章通知書（Infringement Notices）

競委會在調查某一個案後，但在審裁處展開法律程序前，可向違反守則的人發出「違章通知書」，可要求該人支付不超過一千萬元款項，或要求該人放棄某些違反競爭的行為，以換取競委會終止調查及不繼續法律程序；這是和解避免訴訟的權力。

6.9　競委會有權簽訂寬待協議（Leniency Agreements）

在《競爭條例》之中，保留了一些競委會在一些情況下不執行法例的權力。當然，這類權力的行使，是有利整個法例希望打擊不公平競爭行為的精神，但也必然會帶來其他的問題。

競委會在行使其強制執行權力之時（包括對罪行的調查、搜檢證據），如被針對的人採取任何行動的承諾，或不採取行動的承諾，而競委會認為承諾對釋除競委會對可能違反競爭守則的疑慮屬適當，競委會可接受該承諾，並據承諾訂立「寬待協議」。之後，競委會可不再展開調查，或終止調查，或若調查已經完成，不在審裁處提起法律程序；又若法律程序已開展，則可同意終止法律程序。

《競爭條例》第 80 條授權競委會可與可按它認為適當的條款，與任何人訂立「寬待協議」，條件交換的是該等人士須與競委會合作，協助調查其他案件，而競委會將不會對合作人士提起或繼續法律程序。競委會及被「寬待協議」的人雙方皆可終止協議。

在「寬待協議」的有效期間內，競委會不會就罰款提起或繼續法律程序。這類「寬待協議」的作用，主要是換取該人或是企業在《競爭條例》下的調查或法律程序中，與競委會合作。法例（第 81 條）規定在一定的情況下有權終止「寬待協議」，包括：

（ i ） 協議的另一方同意終止；

（ ii ） 有合理懷疑，在訂立協議時所基於的資料，在重要地方不完整、虛假或誤導；

（iii） 協議的另一方被裁定犯了在投訴及調查中不合作的罪行；及

（iv） 協議的另一方沒有遵守該協議的條款。

在終止協議前，競委會須給予協議的另一方或是看來可能受惠於該協議的其他人士一個合理機會作出申述，並須考慮。這種種特有權力的安排，令競委會有執法與類似司法的雙重作用；這固然可以增加其執法及處理競爭問題的靈活性，制度上與歐美國家的安排類同，並有很多國際案例和經驗作參考。香港的問題，反而在於並無機制監察競委會，以保證其公平、透明與獨立性。

可口可樂在歐盟被指控的行為包括排他性銷售，一些協議是可樂公司直接禁止分銷者提供競爭對手的飲品。可樂公司提供回扣予分銷者，回扣花樣

很多，包括達到指定的數量及增長回扣（growth rebate），於是不論大量或小量的分銷者皆會集中促銷可樂產品。可樂公司亦有一些搭售安排，例如購買一定量的可樂三大產品（可樂、低糖可樂及芬達橙飲），需一併購買可樂其他產品如芬達檸水。在 2004 年中，競委會發給可口可樂一份初步評估書表達其關注，並建議可樂公司作出承諾書（commitments），以改善這些關注的機會，若可樂公司不肯作出改善有害競爭行為的承諾書，競委會就會依法律的授權施加罰款。可樂公司結果很爽快地與歐盟競委會就承諾的內容達成協議，避免爭議到歐盟法庭去解決。（可樂在歐盟案 2004，歐案 14，195 頁）

6.10　競爭事務審裁處（Competition Tribunal）

《競爭條例》除了成立負責執行法例的競委會外，亦會成立在司法機構下的「競爭事務審裁處」，負責對競委會的裁決進行全面「覆檢」（review）的工作。審裁處是「高級紀錄法院」（a superior court of record），這是說其級數等同高院原訟庭；審裁處按照《高等法院條例》，委任原訟法庭法官組成。而對於施加罰款，是由競委會提出申請，由審裁處審批，其他的命令亦一樣，這就形成競委會與審裁處的工作互相依靠，是所謂「司法強制執行」（judicial enforcement）的模式。

審裁處的成員，分為由具司法經驗的法官或前法官出任的「司法」成員，及具備經濟、商業或競爭法專業知識的「非司法」成員組成。審裁處的主席會由一司法成員出任；司法成員由終審法院首席法官推薦，由行政長官任命；非司法成員只需由行政長官任命。審裁處會以小組而非法庭的形式進行「覆檢」聆訊，每個小組有三名成員，由一司法成員任主席，另加至少一名具經濟專業知識的非司法成員。

審裁處的權力執行，不受一般的法庭證據規則所約束，以使其能以簡易快捷的方式進行聆訊，增加其工作的效率。審裁處負責「覆檢」根據競委會所提交證據的個案，亦有權接管新的證據。

如任何人因為競委會的裁決感受屈辱或不公平，有權向審裁處提出「覆檢」，包括競委會判處的懲罰；而審裁處則有權決定在就「覆檢」作出裁決前，暫緩執行競委會的決定。對審裁處所作的裁決不服一方，可向上訴法庭提出上訴，但上訴只限審理法律觀點及所判懲罰。

所謂可「覆核裁定」（reviewable determination）在《競爭條例》有清楚的列明，包括競委會有關「第一行為守則」及「第二行為守則」的決定或取消決定；競委會的承諾更改，取代及解除；競委會對中止「寬待協議」的決定；競委會就「合併建議」所作出的決定等。對審裁處的覆核申請，需先得到審裁處的同意，而審裁處同意的理由，只限信納有關「覆核」有合理勝算，或有其他有利於秉行公義的理由，因而「覆核」有所需要。提出「覆核」的時間，須在競委會作出裁決之後的三十天內。

競委會和審裁處皆有權不處理無理取鬧的個案，這是回應了中小企業的疑慮，害怕大企業會利用《競爭法》隨意對中小企業的行業協議和習慣作無謂的興訟。據政府的解說，在海外的司法管轄經驗之中，中小企業很少會成為規管機構的執法目標，而政府承諾會委任具中小企業經驗的成員加入競委會，以保障中小企業的運作不受不合理的司法干擾。綜合而言，這套設計是競委會主導工作，審裁處負責藉「覆檢」作為監察。

6.11　競委會的近期主要工作簡介

在《競爭條例》於 2015 年 12 月正式生效前，競委會已於 2015 年 7 月發佈了六項主要指引：(i)《第一行為守則指引》，(ii)《第二行為守則指引》，(iii)《合併守則指引》，(iv)《投訴指引》，(v)《調查指引》，及 (iv)《豁除及豁免申請指引》，以供公眾參考；及後，再公佈了多份技術性質的指引。

根據競委會 2015/16 年度的工作報告，其在 2015 年 6 月向環境局提交了一份意見書，回應該局發佈的《電力市場未來發展公眾諮詢》。此外，競委會亦就住宅樓宇維修市場及車用燃油市場進行研究，並已有初步研究成果。

　　在調查與投訴方面，在 2015 年 12 月 14 日至 2016 年 3 月 31 日期間，共收到 924 宗投訴和查詢，其中大部分與第一行為守則有關，合謀行為及規定零售價亦是主要對象。直至 2016 年 3 月 31 日，競委會對 97 宗個案（涉及各行各業）進行了初步評估。在上一個年度，似乎並未有任何一宗個案曾進一步完成深入調查，更遑論提交審裁處處理。

　　另一方面，競委會在處理很多行業聯會和專業團體一些涉嫌違規的安排，成果卻是顯著的。大部分自願解決的有關協議安排，都是競委會努力宣傳、溝通和執法的成果；其中主要涉及建議收費價格或訂立收費表，這覆蓋了香港不少重要行業。至於一些繼續進行合謀行為的商會，競委會未來有可能採取更嚴厲的執法措施。

第七章

第一行為守則及其指引

7.1　第一行為守則

《競爭條例》第 6（1）條訂明第一行為守則：「如某協議、經協調做法或業務實體組織的決定的目的或效果，是妨礙、限制或扭曲在香港的競爭，則任何業務實體：

（ⅰ）不得訂立或執行該協議；

（ⅱ）不得從事該經協調做法（concerted action）；或

（ⅲ）不得作為該組織的成員，作出或執行該決定。」

第一行為守則不只適用於互相競爭的企業之間的協議和安排，即使作出協議和安排的各方之間沒有競爭關係，但只要有關協議和安排具有損害在香港的競爭之目的或效果，第一行為守則亦適用。

根據《競爭條例》第 8 條，即使涉案行為是在香港境外發生，或涉及有關行為的任何一方身處境外，第一行為守則依然適用。第一及第二行為守則並不是互相排拒，是可以同時適用於同一事件。舉例而言，如有行為以合約形式進行，而該合約的條款又構成濫用相當程度的市場權勢，則第一、二行為守則會同時適用。

守則中的術語在指引中詳盡界定，指引文件並以虛構示例作說明，這包括何謂業務實體、何謂協議、何謂經協調做法，還有什麼是業務實體組織。

第一行為守則所監管的行為，可能在以下條文的範圍內，而被豁除或豁免：

（ⅰ）《競爭條例》附表所規定的一般豁除（參看本書第十一章對中小企業的保護）；

（ⅱ）《競爭條例》第 31 條（公共政策）及第 32 條（國際義務）所規定的豁免；或

（ⅲ）《競爭條例》第 3 及 4 條規定，《條例》部分條文並不適用於法定團體、指明人士及從事指明活動的人。

第一行為守則的指引是競委會及通訊事務管理局根據《競爭條例》（第 619 章）第 35（1）（a）而聯合發出，對兩機構所管轄的法例及相關工作適用。競委會須就以下事宜發出指引：

（ⅰ）示明該會期望會以何方式詮釋和執行行為守則；

（ⅱ）該會將會以何方式及形式收取要求作出決定或集體豁免命令的申請；及

（ⅲ）示明該會期望會如何行使其作出決定或授予集體豁免的權力。

按第（4）段，在根據《競爭條例》發出指引或對該指引的修訂前，競委會須徵詢立法會的意見，並須徵詢競委會認為適當的人的意見。指引並不取代《競爭條例》，最終負責對《競爭條例》作出詮釋的是競爭事務審裁處及其他法庭，競委會對《競爭條例》的詮釋對其沒有約束力；守則會因法庭判例的發展而被修訂。

競委會用補充性的法律文書以協助解釋法例，在各國競爭法律制度中十分普遍；歐盟就採用了不同的非規範性文件（non-regulatory documents），以協助對歐盟競爭政策的詳細解說，形式可以是守則或通告（notices），可解釋法例，亦可解釋程序事宜。

7.2　第一行為守則中的法律用語

7.2.1　**業務實體**（Undertaking）

業務實體是指任何從事經濟活動的實體，包括自然人、個別公司、公司集團、合夥，及以獨資形式營運的個人、合作社、社團、商會、行業協會及非牟利組織。關鍵問題只是有關實體有否從事經濟活動，同一實體在從事某些活動時可能構成業務實體，但在從事其他活動時，則可能並不構成業務實體。就《競爭條例》的目的而言，只有在從事經濟活動的時候，該實體才會被當作業務實體。

當然，如果有關行為涉及兩個或以上的實體均屬於同一個業務實體，則守則並不適用。何謂單一經濟個體？這與我們理解的法人概念有所不同，競委會在理解這一概念之時，不會被《公司條例》或其他法例中對「公司」或「公司集團」的定義所局限。

如果 A 實體對 B 實體的商業政策施加決定性的影響力，則 A 與 B 很可能被視為單一實體。另外，代理人是否被視為獨立的業務實體，取決於「代理」協議的經濟實況。如果代理人代理工作時不承擔任何風險，或只承擔微不足道的風險，則可視為真實的代理人，並因而被視為與委託人屬同一業務實體。反之，代理人承擔的風險愈大，則愈有可能被視為單一的獨立業務實體。

虛構示例①

某音響設備生產商透過網站及若干零售店向本港消費者銷售其產品。零售店由獨立第三方所有，其與生產商簽有「代理協議」，且在整份代理協議中被稱為生產商的「代理」。

代理協議訂明，零售商必須以不低於生產商現行網上售價的特定價格出售產品。雖然合約產品在交付給零售商時其產權並沒有轉

予零售商，但代理協議仍要求零售商必須承擔與銷售合約產品有關
的一些風險，包括廣告成本、運送及安裝服務成本、對顧客所作產
品保證的風險責任及餘貨風險。

零售商在代理協議下所要承擔的風險程度，顯示其是獨立於生
產商經營的業務實體。這一結論不受協議標題影響。因此，代理協
議下的轉售價格條款將受第一行為守則監管。

資料來源：競爭事務委員會

7.2.2 **協議**（Agreement）

協議的定義指包含任何協議、安排、諒解、承諾或承擔；不論是明示或
隱含、採用書面或是口頭的形式、或實際上或意圖上是否可透過法律訴訟程
序強制執行。這廣泛的定義其實不是要訂明一個清楚的定義，而是要給大家
一個最寬最闊，在常識而言是全面無所不包的定義。

這協議是包括了法律上不能執行的協議，只要有關方面是「意見一致」，
而這一致不需有召開實質會議，舉例是可以透過交換信件、電子郵件、短
訊、即時通訊或電話通話。

〔福特汽車案（1984），歐案（8），187頁〕

福特是美國的名牌汽車，行銷全球，公司成立於美國。福特歐
洲（Ford Europe）亦是在美國註冊，但在英國、比利時和前西德聯
邦共和國設有辦事處，而「福特股份公司」則是在西德據西德法律
註冊成立的公司，是一家製造公司的身份。為了實現其銷售計劃，
「福特股份」建立了選擇性分銷系統的一份主要經銷商協議，這協

議對德國的分銷商具約束力。1982 年 4 月,「福特股份」通知「德國福特」的經銷商,由 5 月 1 日起不能再接受英國客的訂單,所有右軚汽車必須經「英國福特」的經銷商購買。福特方面指通函是單方面(unilateral)性質,不是協議。歐盟競委會通過臨時措施,要求「福特股份」在 10 天之內撤回通函。事件後經歐盟的司法訴訟,競委會將通函視為協議一體並非錯誤。最終結果還是福特敗訴。

〔密蘇里貨運協會案(1897),美案(1),198 頁〕

這也許是歷史上最早解釋何謂協議的案例之一。美國眾議院已經為鐵路運輸業制定了詳細的規管法規。當時有十八家鐵路公司合組了一個組織,為運輸的價格作出規定,並以相互協議作實(mutual agreements)。眾公司則辯稱他們並不違法,因這組織的目的不是要加價,相反地是想降低收費的價格。眾公司認為眾議院立《謝爾曼法》時的意圖不是想引用到他們的情況,因為早已有廣泛為鐵路運輸業而設的法規。法院裁定《謝爾曼法》禁止所有同類的組合形式(combinations)協議。

7.2.3 **經協調做法**（Concerted Practice）

企業間採取較寬鬆的合作方式,稱為「經協調做法」,這同樣是違法。守則解釋經協調的做法是未達協議的一種協同形式,業務實體在知情的情況下,以實際合作取代競爭風險。簡而言之,業務實體想避免有違法嫌疑,不應就競爭有關事宜,與其他業務實體直接或間接聯絡。

在以往的案例中,單單是競爭對手從事相同的活動,例如訂出類似的價格,並不等同有經協調做法。我們可以看到同區的茶餐廳會一同加價,但不

等於有協調。如果有一方降價，其他對手相當可能也要降價，以免流失客戶；這種情況本身就是競爭的精粹所在，不會算是違法。

虛構示例②

本港幾間私人語言學校會於每季度完成一項調查；該調查由其中一間學校統籌，要求各學校就下一季度各自預期的學費加幅提供詳細資料。在訂定未來一季的學費之前，所有參與調查的學校均會獲得該調查的結果。每間參與調查學校所預期的學費，均會以記名方式詳細列於該調查結果中。

即使沒有各學校達成協議的證據，競委會認為上述行為是它們從事經協調做法的證據。在競爭市場中，每間語言學校理應獨立決定其學費，從而令各學校的學費有所不同，為學生提供不同的價格選擇。上述經協調做法所造成的效果，是完全消除學校之間各自制定學費政策的不確定性。有關行為會損害競爭並提高價格。

資料來源：競爭事務委員會

虛構示例③

本港三間保險公司推出了非常專門的保險產品。該產品透過獨立經紀向消費者發售。三間保險公司的銷售總監近期參加了一場企業高爾夫球賽。球賽中，總監們提到了現時向經紀提供的佣金比率。其中一名總監提到，他正計劃降低其公司的佣金比率至某特定水平。總監們所交換的資料屬機密性質。高爾夫球賽後的一個月內，三間保險公司均調低了向經紀提供的報酬至相同水平。

競委會將視上述交換資料為三間保險公司從事協調做法的

證據。競委會將相當可能推斷三間保險公司在決定各自未來的佣金水平時，曾考慮有關資料。雖然各方只交換過一次資料，即使假設各方之間沒有調低佣金的協議，這些事實均不會影響上述分析。

資料來源：競爭事務委員會

〔荷蘭電訊商合謀案（2008），歐案（11），191頁〕

在此案例裏，荷蘭的五家電訊商被指經協調收費，其中四家電訊商開了一次會議之後，五家一同更改了分銷商收費的協議。「經協調做法」的概念，指一種合作協調（a form of coordination），而企業經這協調無需正式達成協議，能有效減少競爭風險。只要目標是這樣時，是否達到預期的效果（effect）是不重要的。當中有關因果關係的假設問題，是否可以假設當只有一次會議亦可以得出引致「經協調做法」（concerted practice）的結論？荷蘭政府及歐盟競委會均認同有這一假設，歐洲法院認為需視不同市場及行業而定；事件一涉及競爭的單一因素（電訊商與代理商的分賬安排），一次會議便可以構成協調的基礎。

虛構示例④

某月餅製造商協會的年度會議上，協會管理層提出一項不具約束力的決議，鼓勵成員在中秋節期間將所有月餅價格提高港幣10元。該決議獲一致通過。決議所聲稱的目標是為了支持會員將自己的月餅定位為「優質」產品，並保障會員的利潤率。會員普遍實施了有關加價。

　　　　儘管上述決議不具約束力，而且個別會員並未遵守該決議，競
委會仍將視該決議為具有損害競爭的目的的決定。競委會還會認為
示例中的行為屬《條例》中的嚴重反競爭行為。

　　資料來源：競爭事務委員會

7.2.4 損害競爭的「目的」或「效果」

　　第一行為守則的原則是來自《競爭法》中寫下的定義，就是針對具有反
競爭的「目的」或「效果」的協議。「目的」與「效果」是兩個有因果關係的
概念，協議的目的當然是想達成一定的效果，這效果正是減低企業之間因競
爭所帶來的營業風險。

　　「目的」（Object）： 競委會在決定一份協議是否具有損害競爭的目的時，
競委會將有關各方的「意圖」考慮在內。有意圖未有行為是否符合法例原則？
協議或經協調做法的出現，本身就滿足了要有行為的法律原則性要求。在判
斷某協議是否具有損害競爭的目的時，競委會可以考慮協議各方的主觀意圖；
競委會只需推論該協議在相關背景下，有可能或有能力損害競爭。

　　典型例子包括了競爭者之間：

（ⅰ）訂定價格；

（ⅱ）瓜分市場；

（ⅲ）限制產量；

（ⅳ）圍標；和

（ⅴ）維持轉售價格協議等。

　　上述是所謂合謀協議（cartel agreement），根據定義，如某協議多於一目
的，其中一目的是損害競爭，這協議就違反了第一行為守則；而反競爭的「目
的」可憑推論而確定。至於涉及供應鏈上不同層面的縱向協議，例如維持轉
售價格協議（即 resale price maintenance agreements），亦會被競委會視為具有

損害競爭之目的。

根據《條例》第 7（1）條，如某協議有多於一個目的，而其中任何一個目的是損害競爭，則該協議可能違反第一行為守則。而根據《條例》第 7（2）條，反競爭目的可憑推論而確定。

「效果」（Effect）：即使某協議沒有反競爭目的，該協議仍可能因為具有反競爭效果而違反第一行為守則。競委會詮釋「效果」為包括有關協議的實質或可能效果，即潛在效果，這是很特別的一點，換言之是競委會無需證明其具有反競爭效果事實的出現，單憑協議的出現就可執法。這看來與一般理解的普通法精神不符，但卻是歐美國家類似執法機構的準則，是有先例可援的做法。

所謂反競爭的效果，亦有很寬的定義。這是指不論是減低協議各方之間的競爭，還是減低了協議任何一方與第三方之間的競爭，均可算是令協議具有上述反競爭的效果。要某協議具有反競爭的效果，該協議必須對或相當可能對市場其中一個或多個競爭性參數，造成不利影響，包括：價格、產量、產品品質、產品種類或創新等。同目的一樣，若協議多於一個效果，而其中一個是有反競爭的效果，則該協議會被視為具反競爭效果。

附帶限制（Ancillary Restrictions）：「**附屬**」於主要協議而與第一行為守則兼容。舉例而言，評估分銷協議或聯營安排。這是指與主要（沒有限制性的）協議的實施直接相關，則有關條款便屬「附帶限制」。要被視為與主要協議的實施「**直接相關**」，附帶限制必須附屬於該主要協議的實施，並與之不可分割。

附帶限制對於實施主要協議還必須客觀上具有「**必要性**」，並與主要協議相稱。如果在缺乏有關限制的情況下，不具限制性的主要協議將難以或無法實施，則可視有關限制具有必要性並與主要協議相稱。

舉例而言，當第一行為守則適用於某聯營安排，而該聯營企業本身又不會損害競爭，則該聯營企業與其母公司之間的互不競爭條款，可能於個別個案中視之為附屬於該聯營安排。

一旦決定某協議具有損害競爭的目的或效果，並假設沒有豁除或豁免條款適用，便需考慮有關行為是否構成嚴重反競爭行為。

7.3　嚴重反競爭行為（Serious Anti-competitive Conduct）

根據第 2（1）條，嚴重反競爭行為指由任何以下行為或以下行為的任何組合構成的行為：

（ⅰ）**訂定、維持、調高**或**控制**貨品或服務的供應**價格**；

（ⅱ）為生產或供應貨品或服務而**編配**銷售、地域、顧客或**市場**；

（ⅲ）訂定、維持、控制、防止、**限制**或消除貨品或服務的**生產**或**供應**；及

（ⅳ）**圍標**。

根據附表一第五條，第一行為守則不適用於如協議眾業務實體在某營業期（一年）的總計營業額（combined turnover of the undertakings），不超過兩億港元；也不適用於業務實體組織（associations），如該組織一年營業額不超過兩億港元（200 millions）；這一豁免情況是因應中小企業在立法期間，對競爭法表示強烈的質疑及擔憂。

競委會將視競爭對手之間尋求訂定價格、瓜分市場、限制產量或進行圍標的合謀安排（橫向安排），為不同類型的嚴重反競爭行為。若然已發生違反第一行為守則的行為，但有關行為又不牽涉嚴重反競爭行為，在競委會向審裁處提出法律程序前，須向有關業務實體發出告誡通知。在涉及嚴重反競爭行為的個案中，競委會可在沒有事先發出任何告誡的情況下，直接在審裁處提起法律程序。

第一行為守則適用於橫向協議及縱向協議。縱向安排一般都不會被視為嚴重反競爭行為，但原則上未有排除。第一行為守則是力求禁止橫向協議，合謀安排會損害競爭，從而對消費者產生不利影響。

但必須承認，某類橫向協議可能帶來經濟效益，尤其在結合互補性活動、技術或資產的情況下。此類橫向協議可以是分擔風險、節約成本、增加投資、匯聚技術知識、提高產品品質、增加產品種類及推動創新的一種方式。中小型企業之間的縱向協議，則很少會損害競爭，一般會因而按《條

例》附表 1 第 5 條獲豁除。以下進一步介紹各主要違反《競爭條例》的協議，並附以案例。

7.3.1 **合謀定價**（Price Fixing）

競爭對手之間簽訂會訂定、維持、調高或以其他方式控制價格的協議。任何折扣、回贈、津貼、降價或有關貨品供應的其他好處。業務實體同意報價前徵詢競爭對手的意見，或索價不低於市場上的任何其他價格。同樣，交換有關未來定價意向的資料，會被評估為訂定價格。訂定價格亦可由行業協會或專業機構所帶動。涉及以上價格元素的協議，均構成合謀定價。

〔密蘇里貨運協會案（1897），美案（1），198 頁〕

十八家鐵路公司合組了一個組織，去為運輸的價格作出規定，並以相互協議作實（mutual agreements）。

〔紐約美孚真空油案（1940），美案（7），203 頁〕

這是由垂直整合公司的大煉油廠購買了小規模獨立煉油廠的熱油，這令到熱油不再進入市場，亦令到石油價格穩定下來；參加協議的公司甚而每星期會議以決定熱油的價格。最高法院認為這「跳舞夥伴協議」不單會增加石油現貨市場的價格，而且其真正的目的，在於提高汽油經批發商到達消費者時的價格。這是一件被廣泛引用並作為肯定訂定價格（price-fixing）協議是本身就違法之事（illegal per se）。

虛構示例⑤

　　本港幾個新車車行開會討論如何避免消費者對市場上多種汽車融資方案感到困惑。這些車行借此協定汽車融資方案的最低息率。他們亦注意到，許多車行經常在中國農曆新年前，在其標價基礎上提供高額折扣。為了杜絕市場上「太多」割價銷售，他們亦協定折扣不得超過標價的 5%。

　　競委會認為，上述與價格元素有關的協議具有損害競爭的目的。透過共同制定最低率並訂定最高折扣，上述競爭對手協定了本應由各車行自行決定的價格競爭元素。

　　由於上述行為具有損害競爭的目的，競委會毋須考查該行為是否已經或相當可能於相關市場內產生損害競爭的效果。

　　此外，競委會認為本示例中的行為屬《條例》下的嚴重反競爭行為。

　　資料來源：競爭事務委員會

7.3.2 瓜分市場（Market Sharing）

　　這是指競爭對手之間就其生產或供應的特定產品，分配銷量、地域、顧客或市場份額而訂立的協議，從而避開競爭。這包括協議不生產特定產品而互相競爭、不在雙方協定的地域內銷售、不向對方的顧客銷售（不搶客）、或不將業務擴展到協議的另一方為潛在競爭對手的市場。例如，競爭對手間可能同意以下事項：

（i）不就生產特定產品而互相競爭（業務實體 A 同意只生產產品 X，而業務實體 B 同意只生產產品 Y）；

（ii）不在對方協定的地域內銷售；

（iii）不向對方的顧客銷售（所謂「禁止搶客」的協議）；或

（iv）不將業務擴展至協議的另一方為潛在競爭對手的市場，例如，協定
不進入特定地理區域，或協定不開始銷售某種產品。

〔亞巴拉契亞山煤案（1933），美案（6），202頁〕

亞巴拉契亞煤公司由137家煙煤生產商組成，控制了維珍尼亞的亞巴拉契亞山脈區。各生產公司亦交託煤公司為煤生產品的獨家代理商，亞巴拉契則負責尋找最高價的買家，若然訂單不足，則將訂單額按比例分配給各煤商，這一協議成功令亞巴拉契佔據地區煤業的74%份額。但是美國最高法院認為煤公司的目的只是想解決煤生產過多的苦惱問題，而協議減產同樣違反競爭，做法令煤價維持高企，而消費者利益因此受損。

〔施文公司單車市場瓜分案（1967），美案（11），206頁〕

施文公司是領導市場的單車生產商，在1951年時佔全美國單車市場的22%，在1961年時比例下跌到12.8%。施文提出計劃，經一委託代理計劃將單車出售，分銷商及零售商都要參加這施文計劃。施文分配不同地域給其批發分銷商，分銷商則受指示只賣單車給地域之內的指定特許經營商。最高法院裁定，此瓜分市場的安排，施文計劃只增加了自己的利益。

虛構示例⑥

　　幾間為特定屋苑提供服務的巴士公司開會討論如何在香港經營其服務。為了令大家都能賺取他們認為合理的利潤,他們決定根據預計乘客總人數分配各自服務的屋苑。各公司同意不在其他公司獲分配的屋苑提供服務或招徠顧客,同時不在未經徵詢其他公司意見的情況下推出新服務。

　　上述就指定顧客互不競爭的協議,具有損害競爭的目的。該協議減少了消費者可以選擇的供應商,並相當可能令消費者為有關服務支付更高費用。

　　競委會得出有關協議具有損害競爭的目的的結論後,毋須證明該等行為已經或相當可能於相關市場內產生損害競爭的效果。

　　此協議不大可能滿足《條例》附表 1 第 1 條的豁除條件。雖然協議可以合理調整線路和避免服務重疊為抗辯理由,但由於該安排消除了有關各方面之間的所有競爭,因此不大可能滿足附表 1 第 1 條的豁除條件。

　　上述示例中的行為將被競委會視為《條例》下的嚴重反競爭行為。

　　資料來源:競爭事務委員會

7.3.3 限制產量（Output Limitation）

　　任何協議,其作用有訂定、維持、控制、防止、限制或消除產品的生產或供應的作用,即為限制生產的協議。第一行為守則亦寫明,即使市場參與者認為行內出現結構性產能過剩,而導致業界陷入危機,亦不能成為限制產量協議的抗辯理由。

〔愛爾蘭牛肉案（2008），歐案（13），194頁〕

在 1998 年全世界都經歷了一次小型的經濟風暴，風暴影響到愛爾蘭牛肉的出口，亦影響到牛隻屠宰業的生存。1998 年愛爾蘭業界委託麥健時公司做了報告，指牛肉生產業處於極糟形勢，利潤由於生產過多、需求過低而極微薄。報告建議 25% 屠宰業者須協議離開市場，為期五年；留下業者應補償自願離去者；業者將一定比例利潤分給離開者，離開者承諾不會在停業後將廠房及牧地交給新經營者。2008 年底歐盟法庭作出了裁定，法庭認為這樣的計劃與歐盟條約的原則明顯衝突。這一案例的重要之處是就算在經濟不景的時期，就算消費者減少支出令到商品需求大減，生產過剩，聯合減產的協議一樣被視為違反競爭。

虛構示例 ⑦

隨着香港的鹹魚供應量日益超過需求，本地鹹魚生產商多年來面對經營困難。鑒於行業受「危機」所影響，主要生產商們開會討論如何重組行業，以合理調整其認為「產能過剩」的情況。他們協定了一項計劃，鼓勵個別生產商終止鹹魚的生產，並將其商業活動的重心轉移到其他業務領域上。為顯示行業團結，繼續從事鹹魚業務的生產商對退市生產商作出賠償，並支付有關生產線的費用。

競委會將視上述計劃為具有損害競爭的目的。在有競爭的市場中，生產商應該就其生產計劃和產能獨立地作出決定，而並非由市場參與者來共同協定市場競爭的結果。

競委會還認為，上述行為屬於《條例》所指的嚴重反競爭行為。

資料來源：競爭事務委員會

7.3.4 **圍標**（Bid-Rigging）

圍標一般涉及兩個或以上業務實體，同意不就特定競投項目互相競爭，反而它們事先決定由哪位競投者勝出，由此在表面上互相競爭的過程中暗中「作弊」。舉例而言，業務實體之間可能同意某些成員不去參與競投，或撤回已提交的標書。這通常被稱為「抑制投標」（bid suppression）。圍標還涵蓋潛在供應商之間協議：

（ⅰ）逐一充當中標者，即所謂「**輪流中標**」（bid rotation）；

（ⅱ）其他競投者提交比「被選」中標者更高的叫價，或吸引力稍遜的條款，即所謂「**掩護式投標**」（cover bidding）；

（ⅲ）採取其他減少競投過程中競爭張力的措施，例如透過協定最高或最低叫價，或由中標者向其他競投者發還競投成本；或

（ⅳ）**中標者向其他**競投者分攤利潤。

> **虛構示例⑧**
>
> 　　在香港擁有多家辦事處的一間大型公司決定外判其膳食供應服務。公司邀請了四家主要膳食供應商來競投新合約。四家膳食供應商的銷售代表在一次足球慈善賽上偶遇，並討論了這次投標。他們協定以下事項：第一家膳食供應商將拒絕參與競投，第二家則撤回先前已提交的標書，而第三家將作出叫價更高的掩護式投標。招標公司並未察覺這些安排，便將合約授予表面上提交了「最具競爭力」標書的第四家膳食供應商。
>
> 　　競委會認為，此安排具有損害競爭的目的。上述膳食供應商已預定了投標的結果。除減少顧客的選擇外，圍標亦會導致外判膳食供應服務的價格飆升。

上述示例中的行為將被競委會視為《條例》下的嚴重反競爭行為。

資料來源：競爭事務委員會

香港從前有一條法例規管在拍賣過程之中影響拍賣的公正性（cap 288，Corrupt and Illegal Practices Ordinance），這法例歸廉政公署執行，但並沒有檢控的例子。香港的大財團在競投政府土地時，可能存在即時進行私下「合作」的情況，但執法十分困難，拍賣官通常察覺情況有異時只是收回拍賣，希望《競爭條例》正式執行之後會有新的景象。

7.4　其他涉嫌反競爭行為

除了以上四項嚴重違反第一行為守則的協議外，以下再列舉多項涉嫌反競爭的協議行為，參與該協議的業務實體有舉證責任，並未嚴重影響有關市場的競爭環境，並與消費者公平分享其經濟效益（這是條例第 30 條訂明在「附表 1」的條件）。

7.4.1　聯合採購（Joint Buying）

這是指業務實體之間經合約的安排，集體採購貨品，從而獲得較低的成本價。表面看這是橫向協議的一種，但第一行為守則明言不會視有關協議一定會是有害競爭的；因為集體購買可令採購的價格下降，中小企業因而更能與大企業競爭，自然是更有利消費者及競爭了。

虛構示例⑨

　　為了節約入貨成本，來自香港各區的 100 家小型零食零售商和街市檔位組成一個聯合採購組織。採購組織的成員必須通過該組織購買至少其零食產品入貨量的一半以上。上述零售商總共只佔香港相關採購市場和銷售市場的一小部分，而兩個市場中均有若干強勁的競爭對手（包括大型批發商和連鎖超級市場）。

　　上述安排不具有損害競爭的目的，而競委會亦不大可能認為其具有任何反競爭效果。

　　即使該採購組織某程度上會促使小型零售商的入貨成本趨同，但他們在相關採購和銷售市場中的市場地位，以及大型競爭對手的存在，均顯示有關安排不大可能會損害競爭。

　　即使聯合採購協議確實對競爭造成損害，有關協議仍相當可能產生規模經濟上的經濟效率。鑒於採購組織成員在下游銷售市場中面對連鎖超市的強大競爭壓力，聯合採購所節約的成本相當可能令消費者受惠。因此為提升整體經濟效率的協議而設的一般豁除可能適用。

　　資料來源：競爭事務委員會

7.4.2 **交換資料**（Exchange of Information）

　　這種在業務實體之間進行的行為，當然可以令大家知道競爭對手的市場策略，更方便了合謀定價，則資料交換可以有害競爭。但交換資料若然公開進行，以致各方包括消費者，皆有可能接觸資料，這則較小可能會損害競爭，反之更可能產生經濟效果。

虛構示例⑩

　　帆船業者協會向會員收集和發放各會員所擬訂的未來價格資料，其中包括特定航線的定價資料。該資料不向公眾公開，而是在協會會員進行季節性價格調整前給會員傳閱。

　　在沒有證據證明有關的資料交換是基於協會決定或會員協議而進行的情況下，競委會將推斷上述安排為經協調做法的一部分，並具有損害競爭的目的。該行為令帆船業者得以參照競爭對手擬訂的價格來調整各自的未來定價，從而減少市場上的價格競爭。此交換資料安排是一種間接合謀定價的方式。

　　上述行為還將被競委會視為《條例》下的嚴重反競爭行為。

　　資料來源：競爭事務委員會

透過第三方交換資料（Information Exchange Through A Third Party）

虛構示例⑪

　　Connaught、Queens 及 DVo 是某類化妝品在香港的主要零售商。CentralCosmetics 現時向上述有競爭關係的零售商提供化妝品。

　　Connaught 向 CentralCosmetics 發電郵，暗示「如果 Queens 和 DVo 一起做的話」，Connaught 會在下個月將其產品的零售價提高 5 元。Connaught 要求 CentralCosmetics 確保「大家了解此訊息」。CentralCosmetics 立即將此電郵轉發給了 Queens 和 DVo 的銷售人員，兩者均回覆表示「似是個好提議」。CentralCosmetics 隨後聯絡

Connaught，告知其電郵「已收妥」。Connaught 接着在其後的月份實行加價，Queens 及 DVo 幾日後亦跟隨加價。

此情形相當可能被視為涉及四個業務實體的經協調做法，並具有損害競爭的目的。競委會還將認為上述安排屬《條例》下的嚴重反競爭行為。

Connaught 向 CentralCosmetics 透露其機密資料，並明言有關資料應向競爭對手發放並成為大家的行動參照。CentralCosmetics 十分清楚 Connaught 電郵背後的用意，所以積極擔當交換未來價格意向的渠道。CentralCosmetics 的角色和其他零售商確認的回覆消除了競爭市場中應有的不確定性，讓 Connaught 有信心其他零售商會跟隨自己的加價計劃，並因此按計劃實行加價。

資料來源：競爭事務委員會

可能具有損害競爭效果的交換資料協議（Agreements to Exchange Information Which May Have The Effect Of Harming Competition）

虛構示例 ⑫

香港有五間為小型雜貨店供應包裝生果的供應商。由於供貨需求不穩定，會隨季節變化和各雜貨店的地點而有所不同，各供應商經常產生大量未售就壞掉的產品。為了解決此問題，供應商同意聘用一間獨立市場研究公司，負責每天整理未售生果的資料。該市場研究公司每週在其網站上按地區或地點綜合公佈未售生果的資料。各供應商可透過該數據更準確地預測需求，並評估自己相對於整體

行業的表現。但各個供應商均無法分析有關數據，以識別任何個別競爭對手的影響競爭的敏感資料。

　　競委會不大可能認為上述協議具有損害競爭的目的或效果。鑒於資料的綜合性及歷史性，且交換資料公開進行，交換資料造成損害競爭效果的可能性較低。此外，上述交換資料協議可能會產生足以滿足《條例》附表1第1條要求的經濟效率。尤其是當大量浪費掉的產品顯示市場未能有效運作，而交換資料力求糾正該問題，且在任何情況下均不會消除供應商之間的競爭。

　　資料來源：競爭事務委員會

7.4.3 集體杯葛（Group Boycotts）

　　所謂交易自由，業務實體有權自行選擇其交易對象，並拒絕與特定業務實體做生意。但是，競爭對手之間訂立協議或採取經協調做法，不與特定對手做生意，可能會構成反競爭的集體杯葛。

虛構示例⑬

　　本港某製造業內的公司均透過多間專業招聘公司招聘海外員工。HireMe Ltd 最近以一種嶄新及具創意的商業模式進入了市場。HireMe 會以中介人角色，綜合多間專門為工業客戶提供人選的招聘公司所提供的服務。HireMe 的商業模式旨在為其客戶提供「一站式服務」的選擇，以省卻客戶需與不同招聘公司直接接觸的麻煩。HireMe 的目標是能夠整體地照顧其客戶的招聘需要。

　　HireMe 進入市場後，本港主要招聘公司安排了一次電話會

議，以討論 HireMe 所造成的影響，及其造成市場不穩的問題。這
些招聘公司在會議上同意立即終止與 HireMe 簽訂的合約，並不再
與其簽訂新合約。他們更保證各自的海外分行亦會這樣做。此協議
限制了 HireMe 作為招聘公司與其客戶之間的「中介人」的能力。

　　上述招聘公司的行為構成將競爭對手排擠出有關市場的杯葛
協議。競委會認為該協議為具有損害競爭的目的，且不大可能滿足
《條例》附表 1 第 1 條中，為提升整體經濟效率的協議而設的一般
豁除的條件。

　　示例中的行為將被競委會視為《條例》中嚴重反競爭行為定義
（c）項的嚴重反競爭行為。

　　　　資料來源：競爭事務委員會

7.4.4 **行業協會及工業團體活動**（Terms of Membership of Trade Association and Industry Bodies）

　　一些行業協會具有會籍條款及認證制度，市場參與者組成行業協會，
以表達和促進其共同權益，這些協會會為其會員提供一系列有用而合法的
服務。但是，在某些情況下，會籍會成為參與市場競爭的先決條件；在這情
況下，拒絕業務實體成為會員，可能嚴重影響有關業務實體成為競爭對手，
這與反競爭的杯葛行為效果無異。加入協會的規則因而理應透明、相稱、非
歧視，按客觀標準而訂定，並為被拒絕成為會員的一方提供上訴程序。

　　再者，一些行會如果對會員所提供的產品和服務施加一項認證制度，這
會限制會員的訂價或推廣行為，則具有損害競爭的目的或效果了。

虛構示例⑭

多年來，本地一間專業機構實行一套認證制度，其會員可借該專業機構的「認可」來推廣其服務。消費者亦將是否受到認可作為選擇服務提供者的關鍵考慮因素。該專業機構最近決定更改會籍規定，要求其會員必須達到指定的最低營業額方有資格延續會籍。此新規定在一次只有幾名（大型）會員參與的會議上討論，與會會員對一些小型會員的「低品質」服務和「低定價」行為表示擔憂。新規定導致許多小型會員失去會籍，並因無法宣稱受該專業機構「認可」而開始流失一大部分現有顧客。

上述情形會引起第一行為守則下的問題。上述規定的變更表面上已屬歧視性質，其目的似乎是為了將小型市場參與者排除於該專業機構的會員名單以外，令其處於競爭劣勢。該變更可能迫使某些小型公司停止營業，繼而令大型競爭對手得以提高價格。

競委會將相當可能認為上述規定的變更具有損害競爭的目的。該專業機構及作出或執行上述變更的機構成員，可能因此違反或牽涉入違反第一行為守則。

競委會也會認為示例中的行為屬《條例》下的嚴重反競爭行為。

資料來源：競爭事務委員會

7.4.5 **標準條款及標準化協議**（Standard Terms）

有一些行業的合約，會採用同一式樣的標準化條款。採用標準條款，往往會令消費者更容易比較銷售條件，從而有利轉換其他供應商。普遍採用標準條款的行業例子包括地產代理、保險業、銀行業等。標準化一般會促進互用性及提升產品質量，並不影響價格和收費；如果可公開參與採用有關條款的過程，而有關條款又不具約束力，且所有市場參與者均可使用，則無問題。

有一些情況要小心。當標準條款界定產品性質或涉及產品種類範圍時，採用有關條款，可能會限制產品種類和創新；同樣，涉及價格的標準條款，可能損害競爭。凡有協議透過訂定某「標準」，作為一份為排擠現有或潛在競爭對手的手段，則視之為具有限制競爭的目的。

虛構示例 ⑮

　　保險業某行業協會將不具約束力的遊樂船保險標準保單條款分發給其會員。該等條款並不涉及保單的最高賠償額、保費或其他價格問題。雖然很多保險公司都採用該等條款，但每份保單均會按個別客戶的需要訂定而各有不同。該等條款的好處，就是讓消費者得以比較市場中可供選擇的不同保單。所有保險公司，包括潛在新市場進入者，均可以同等條件獲得該等條款。

　　上述標準條款可能因為涉及售予消費者的產品的種類範圍，而引起第一行為守則下的問題。儘管如此，因為每份保單的條款仍會按個別客戶的需要而訂立，任何對產品多樣性的損害（如有的話）似乎都很有限。該等條款令消費者就不同產品作出比較、有利消費者轉換保險公司、方便競爭者進入市場，因而促進了市場的效率。

　　因此，上述標準條款促進了競爭。整體而言，採用該等條款即使具有損害競爭的效果，也顯然有理由獲得《條例》附表1第1條下的經濟效率豁除。

　　資料來源：競爭事務委員會

7.4.6 **操控轉售價格**（Resale Price Maintenance）

這可以多種方式限制市場上的競爭：

（i）維持轉售價格方便供應商透過提高市場價格透明度，而進行分銷商的協調行為；或

（ii）維持轉售價格可抑制分銷商向供應商要求降低供貨價格的意欲，削弱分銷商爭取更低批發價的誘因。

〔江湖醫生案（1911），美案（2），199頁〕

John Park & Sons 是專利藥品的廉價商店。這店在大倉庫中平價購買大量存貨，然後以折扣價出售。這店的成功手法，影響到藥廠對轉售價格的控制，令專利藥品生產商不滿。藥品公司 Dr. Miles Co 入稟訴訟，質疑被告從大倉庫買大量存貨（inventory）的做法。最高法院作出里程碑的裁決，轉售價格協議本質上一定違反《謝爾曼法》的反競爭協議，John Park & Sons 勝訴。

虛構示例⑯

HomeStore 在香港各處擁有多間家庭用品商店。HomeStore 是 CleanUpCo 幾種日用品的重要顧客，而該等日用品在超級市場、便利店、專門店及小型商店廣泛可見。

HomeStore 關注到其競爭對手，包括其他大型連鎖店與小型獨立商舖均以較低的價錢銷售 CleanUpCo 產品。HomeStore 擔心競爭對手的定價將影響其旗下商店數條重要商品線的業績。為此，HomeStore 向 CleanUpCo 施壓，令其要求所有顧客按 CleanUpCo 所定的固定零售價格在香港銷售其產品。由於 HomeStore 是 CleanUpCo 的重要顧客，後者推行了上述操控轉售價格措施。

競委會將視此安排具有損害競爭的目的。HomeStore 堅持 CleanUpCo 在香港推行固定零售價格的做法本質上便具有損害競爭的能力。在此情況中，該安排的作用僅僅是為了讓 HomeStore 無需面對來自其他競爭對手的價格競爭。此外，該控制轉售價格的做法不大可能有充分理據，以滿足《條例》附表 1 第 1 條為提升整體經濟效率的協議而設的一般豁免的條件。

競委會認為，本示例中的操控轉售價格屬於《條例》下的嚴重反競爭行為。

資料來源：競爭事務委員會

虛構示例 ⑰

NailCo 是一間製造 DIY 和建築用標準釘子和螺絲、具有市場領導地位的製造商，並透過多間獨立零售店在香港銷售其產品。NailCo 要求每間零售店均按照其列明的價格銷售產品。NailCo 提出其定價政策的理由是為確保市場有序，以及避免顧客因其產品在全港各區出現不同價格而感到無所適從。NailCo 聲稱相關安排會為零售商帶來合理的利潤。

競委會認為上述安排具有損害競爭的目的。

NailCo 的理據不大可能滿足《條例》附表 1 第 1 條中，為提升整體經濟效率的協議而設的一般豁免的條件。這些理據似乎只是表明操控轉售價格是保持高價的好方法。所謂操控轉售價格以避免顧客感到無所適從的說法，相當於表示價格競爭會損害消費者。價格是一項關鍵的競爭參數，而價格競爭是《條例》所訂立的制度的重心。

資料來源：競爭事務委員會

建議或最高價格

若供應商只是向分銷商建議轉售價格，或者要求分銷商接受最高轉售價格，不會被視為具有損害競爭之目的，但若包含建議轉售價格或最高轉售價格的協議，則大有可能違法。

虛構示例 ⑱

一間知名糖果產品生產商希望在香港引進亞洲其他地區相當成功的「K-Pop」糖果產品系列。雖然現時於香港的供應份額少於5%，但該生產商期望新的產品系列能成功打入香港市場。於是，該生產商要求其香港零售商一律以港幣 5 元的零售價銷售其產品，作為一個為期一個月的推廣活動的一部分。按該供應商的理解，港幣 5 元的零售價相比其他具領導地位的品牌的售價低（該等品牌的產品零售價為港幣 6 元至 8 元）。為了引起消費者的關注，該生產商計劃在上述推廣活動期內使用「一口價 5 蚊」的市場推廣口號。

當上述固定轉售價格的協議會削弱獨立零售商為該新產品自行訂定適當價格的能力時，該協議或令人關注其是否具有損害競爭的目的。

然而，上述操控轉售價格在其背景下可能不具有損害競爭的目的。在這方面，值得留意的是該安排的客觀用意是為了幫助特定供應商以更具競爭力的價格進入市場。

基於上述操控轉售價格並沒有損害競爭的目的的假設，競委會將對其效果進行分析。基於上述事實（留意到該供應商所佔的市場份額微小），競委會可能認為，該操控轉售價格的效果亦不會引起第一行為守則下的問題。

然而，即使假設上述操控轉售價格被評估為具有損害競爭的目的或效果，各方仍可以提出《條例》附表 1 第 1 條下有關促進經濟

效率的證據。其中，鑒於該固定轉售價格僅限於較短的推廣期內，
這種做法可能是幫助新產品在市場立足的重要措施。舉例而言，該
固定轉售價格或鼓勵零售商購入產品，透過推廣活動增加銷量以及
擴大整體需求，從而改善市場分銷和令消費者相當可能可以公平地
分享得益。再者，鑒於該供應商在相關市場上沒有市場優勢，上述
操控轉售價格不大可能消除相關市場的競爭。因此，為提升整體經
濟效率的協議而設的一般豁除可能適用於上述事實。

資料來源：競爭事務委員會

7.4.7 **獨家分銷或獨家顧客編配**（Exclusive Distribution，Exclusive Customer Allocation）

一般不會認為獨家分銷或獨家顧客編配協議具有損害競爭的目的。從競
爭法原則出發，考慮的是這類協議對同類產品中不同牌子的銷售競爭，是否
有不良的影響。需要分析的是該等協議，對競爭可能產生的不良效果，包括
所謂品牌內競爭（Intra-brand Competition）或品牌間（Inter-brand）競爭可能
受到的影響。

亦需考慮協議對有關區域銷售的限制及對顧客銷售市場的限制程度，以
及在受調查協議所影響的市場中，獨家分銷是否普遍存在等。

〔愛爾蘭免費冰櫃案（1998），歐案（10），189 頁〕

愛爾蘭的主要雪糕生產商（當時叫 HB）為雪糕的分銷者
（retailers）免費提供用以供應即時食用雪糕的雪櫃，條件是雪櫃只
可以儲藏 HB 的雪糕。HB 保留雪櫃的物權，並負責維修。這個合

約大家皆有權經兩個月的通知終止。自 1989 年起，好些分銷商開始用雪櫃儲藏一種來自美國的雪糕新產品 Mars，這類新產品正滲透愛爾蘭的雪糕市場。HB 開始要求分銷商嚴格遵守使用雪櫃合約中的排它性單獨使用條款，Mars 則在 1991 年向歐盟的競委會提出正式投訴。歐盟競委會在 1998 年 3 月作出決定，認為 HB 的分銷協議中包括排它性條款是違反競爭法的。

〔英特爾 Intel 案（2009），歐案（1），179 頁〕

在此案中，英特爾作為電腦中央處理器的主要生產商，以回扣的做法要求電腦生產商在同一類產品的電腦不用其他中央處理器，結果被裁定違反競爭。

虛構示例⑲

全球品牌 SportCo 是香港運動用品市場內一個中等規模的參與者。SportCo 的慣常做法是在銷售其產品的每個國家委任一家獨家批發分銷商，在香港也是如此。要成為 SportCo 的獨家批發商，有關分銷商必須只銷售 SportCo 的產品，而不能銷售 SportCo 競爭對手的產品。同時，分銷商需於其所屬地區內負責所有宣傳活動。SportCo 會為部分宣傳開支，包括培訓職員的相關開支，向分銷商作出補償。

除 SportCo 的分銷商外，大量互相競爭的分銷商早已在香港營運。再者，很多 SportCo 的競爭對手並不需要在香港實施獨家分銷安排，而當中部分的分銷商在沒有獨家分銷的安排下營運得相當

成功。此外，SportCo 亦沒有阻止其海外的網上分銷商向香港的最終消費者提供 SportCo 的產品。因此，香港的消費者亦能夠隨意透過互聯網從海外購買 SportCo 的產品。

雖然獨家地域安排與不競爭條款的組合，可能在某些案件中引起第一行為守則下排除其他競爭供應商於市場外的問題，上述事實並無證據顯示本案中也有同樣的問題。雖然 SportCo 的做法可能在分銷層面上限制了 SportCo 品牌內的競爭，但品牌之間的競爭似乎仍然激烈，而值得注意的是市場上仍有一定數量互相競爭的分銷商沒有以獨家分銷的方式營運。再者，由於最終消費者亦能夠透過互聯網購買 SportCo 的產品，這亦會減輕了限制品牌內的競爭所引起的問題。

鑒於相關市場的結構，有關的獨家分銷安排似乎不大可能助長供應或分銷層面上的合謀行為。涉案的供應商為中型機構，香港市場上亦有許多其他分銷商，而且並不是所有的分銷商都以獨家分銷的方式營運。

況且，即使 SportCo 的獨家分銷協議對競爭造成負面影響，該協議對分銷商的限制相當可能激勵該分銷商推廣 SportCo 這品牌，從而可能獲得《條例》附表 1 第 1 條對提升整體經濟效率的協議的一般豁除。SportCo 是否能夠獲得相關豁除將視乎個案的具體事實，但值得留意的是 SportCo 會為分銷商的部分宣傳開支作出補償。有見及此，SportCo 或聲稱其有需要向分銷商施加「不競爭」責任，以免 SportCo 的競爭對手在使用那些分銷商的過程中，從 SportCo 對該些分銷商的投資中獲得利益。

資料來源：競爭事務委員會

7.4.8 **聯營**（Joint Ventures）

聯營一詞可用於形容業務實體間不同類型的合作安排，相關例子包括：聯合生產安排、聯合採購安排、聯合行銷安排及聯合研發計劃。聯營可能涉及成立新法律實體（公司企業），也可以僅靠業務實體的合約安排來實現。一般而言，競委會還需考慮現存的市場結構，以及市場中的競爭狀態及有關協議會否「軟化」市場中的價格競爭。

下列因素為聯營商號是否受第一行為守則的規限（而該等因素並非盡錄，特定個案也不一定包含所有這些因素）：

（ⅰ）聯營商號沒有專用於其日常營運的管理層，或足以在持久的基礎上營業的資源，例如融資、員工，或資產；

（ⅱ）聯營商號只接手母公司業務中的某一特定職能，只限於生產、研發、或作為母公司分銷機構的聯營商號即是如此；

（ⅲ）聯營商號將其大部分產品賣給母公司；及／或

（ⅳ）聯營商號只限於在固定的短期經營實體，例如，某聯營商號為建築特定工程項目（如建電廠）而成立，但項目建成後，並不會持續經營該電廠。

虛構示例⑳

A公司和B公司是香港兩間主要化工產品供應商，它們決定關閉各自現有的獨立生產設施，並且開設一間更有效率的聯營工廠以供A公司和B公司之用。A公司和B公司只就新設施的營運訂定條款，但未有議定營運新設施之外的任何條款。該市場僅有其他兩名競爭對手，C公司和D公司，而它們的工廠產量均已達到極限。B公司也已經與另一競爭對手建立了聯營企業。所有市場參與者的可變成本的一大部分均為生產成本。而近期亦未有任何新競爭對手

進入該市場。

　　在評估成立上述聯營工廠會否引起在第一行為守則下的問題時，競委會將考慮：

- 現有市場結構，以及市場中的競爭狀態；
- 有關協議會否增加 A 公司和 B 公司的成本共通性；及
- 聯營會否減弱市場中的（價格）競爭。

資料來源：競爭事務委員會

　　即使具有損害競爭的效果，許多聯營生產仍可能帶來足夠的經濟效率，以滿足《競爭條例》附表 1 第 1 條豁除提升整體經濟效率的協議的條件。這是指出現下列情況：聯合生產帶來顯著的成本節約及協同效應及 / 或規模或範疇經濟，或提升產品種類或品質。

7.4.9 聯合投標（Joint Tendering）

　　聯合投標一般涉及業務實體之間公開合作聯名進行投標。這與圍標截然不同，圍標常涉及有競爭關係的競標方雖然表面上各自獨立投標，實際上卻互相串通的投標。若聯合投標活動是在公開的情況下進行，而招標方知悉該項安排的話，不應引起競爭上的問題，該安排反而可能促進競爭。

　　但是，若各方原本可以獨自投標的話，則該行為可能引起第一行為守則下的問題。聯合投標若導致潛在投標方的數量減少，特別是當市場集中、潛在投標者數量已經有限時，便更有可能產生損害競爭的效果。

虛構示例㉑

旺角區一棟高層寫字樓的翻新工程進行招標。招標方要求投標方須具備大量人手，從而可在指定時間內完成項目。招標方亦對投標方的資金設有最低門檻，以確保被選中的建築公司在整個項目過程中擁有足夠的流動資金。

兩間香港市場佔有率有限的小型建築公司 TungBuild 及 ChungConstruct 曾考慮獨立投標，但他們均不符合招標方對人手及資金的要求，因此無法獨自投標。

兩間公司於是提出一份聯合標書，令他們可以結合雙方資源以完成所要求的項目。標書清楚寫明其為聯合標書，其投標價格亦是所有標書中最低之一。除 TungBuild 及 ChungConstruct 外，亦有六間在過去五年贏得了大多數同類項目的大型建築公司參加投標。

假設 TungBuild 與 ChungConstruct 的聯營不屬於合併，第一行為守則可適用於該安排。該聯營並沒有損害競爭的目的，亦不大可能會引致反競爭效果。TungBuild 及 ChungConstruct 不能獨立投標是一個尤為相關的考慮因素——就該項目而言，他們並非競爭對手。其合作令招標方有更好的選擇，也令投標過程更為激烈。

但是 TungBuild 及 ChungConstruct 需留意，他們在遞交標書及實行聯營時所分享的任何影響競爭的敏感資料，均只可用於聯營業務，此外，不可用聯營作為交換雙方一般價格和成本等商業資料的工具。

資料來源：競爭事務委員會

7.4.10 **聯合銷售、分銷及行銷**（Joint Selling, Distribution and Marketing）

業務實體之間可透過種類繁多的聯營來協定共同銷售、分銷或於市場推廣特定產品（統稱「銷售相關聯營」）。從單純的廣告宣傳合作或聯合提供售後服務，到涉及共同決定包含價格在內的重要商業參數的聯合銷售，均屬銷售相關聯營安排。銷售相關聯營可以是促進新產品進入市場的有效手段，尤其是當中小企業透過合作來銷售其無法獨自行銷的新產品時。

然而，如果導致合謀定價、限制產量、瓜分市場或交換影響競爭的敏感資料，銷售相關聯營可能引起第一行為守則下的問題。同樣，若相互競爭的業務實體透過簽署互惠分銷安排來編配市場，從而限制相互之間的競爭，則該安排可被評估為具有損害競爭的目的，也可能被評估為嚴重反競爭行為。即使銷售相關聯營不具有損害競爭的目的，若其產生損害競爭的效果，仍可能引起第一行為守則下的問題。

虛構示例㉒

若干歐洲花卉生產商過往分別與香港分銷商各自簽訂合約，銷售自己的產品。為整合資源、降低空運成本，各生產商組成名為 Bloomport JV 的聯營安排，並同意將各自對香港出口的全部花卉以 Bloomport 品牌銷售。Bloomport 將決定銷售的產品種類、數量、顧客及價格。

競委會認為，此類安排具有損害競爭的目的。透過協調重要商業決定，各方可能因合謀定價及限制產量而違反第一行為守則。

競委會也可能認為該安排屬《條例》下的嚴重反競爭行為。

資料來源：競爭事務委員會

下列情境可能產生反競爭效果：

（ⅰ）相關安排增加各方可變成本的共通性；

（ⅱ）相關安排涉及交換影響競爭的敏感資料，且超過實施合作所必需的程度；及／或

（ⅲ）就競爭對手之間的互惠及非互惠分銷安排而言，相關安排降低了各方進入對方市場的動機。

虛構示例 ㉓

為降低分銷成本並拓寬客戶範圍，一眾本地的小型釀酒廠協定成立一個分銷及送貨中心。每間釀酒廠均在該中心派駐自己現有的運輸人員和車輛。

此類安排不大可能引起第一行為守則下的問題。該合作的範圍僅限於各方商業活動中的一個獨立方面。而且，除了因為落實合作而需要交換的客戶身份資料外，各方不大可能需要交換其他影響競爭的敏感資料。各方仍可自由訂定各自的產品價格。此外，雖然該安排有可能讓各方得以協調運輸成本，但其他重要的成本元素（如原料、品牌投資、市場推廣及生產成本）仍各有不同，而且各釀酒廠尚有充足空間在產品質素方面相互競爭。

資料來源：競爭事務委員會

特許經營安排（Franchise Arrangements）

特許經營協議令特許授權人能夠以較少的投資和風險，迅速建立一個具有統一品牌形象、提供一致產品的業務網絡。特許經營協議還令資源有限的被授權人，得益於著名品牌的聲譽和支援服務。基本而言，保持特許經營網身份及聲譽的必要措施，及／或特許經營協議中保護特許授權人的品牌、商標

及技術技巧的基本條款，均不會引起第一行為守則下的問題。特許經營協議中的其他限制，若具有損害競爭的目的或效果，則可能違反第一行為守則。

〔施文公司單車市場分配案（1967），美案（11），206頁〕

施文分配不同地域給其批發分銷商，分銷商則受指示只賣單車給地域之內的指定特許經營商。最高法院裁定，當分銷商已經擁有商品時，一方面在地域上限制分銷商再售，另一方面要求分銷商將已購買的貨品只賣給特許的零售商是不邏輯及不一致的安排，並不能因為有大量商人在競爭生意，而讓特許計劃的存在變成合理。若施文保留貨品的物權，而分銷商的活動是代理人或推銷員的角色時，施文的特許經營許可證計劃不算不合理地妨礙了交易自由。法庭下令分銷商對已購買的貨品有權自由出售給誰人。

〔歐陸電視對通用電話案（1977），美案（12），207頁〕

西維尼亞通用電話公司（GTE-Sylvania）嘗試減少低競爭力的零售商，並希望吸引更多有能力及進取的零售夥伴，方法是減少西維尼亞的特許經銷商在一個地區的數目，並要求特許商在指定地域內只出售其電話。歐陸電視是一間被拒絕的特許經營商，於是提出違反《謝爾曼法》的民事訴訟。最高法院認為通用電話所作的限制並不太過妨礙競爭，並裁決這樣的商業運作需依據合理原則（rule of reason）作出分析。最高法院間接否決了施文案，認為兩案是可區分的（distinguishable）。

選擇性分銷（Selective Distribution）

部分企業以某些特定標準，選定一個獲授權的零售商網絡，透過該網絡向最終消費者銷售其產品。一般來說，供應商會禁止獲授權的零售商，向未獲授權的零售商銷售相關產品。這類選擇性分銷系統是香港市場的一個普遍特徵，尤其是對於銷售有品牌的終端消費品而言。選擇性分銷常常具有經濟效益，而且是增進品牌間競爭的有效手段。選擇性分銷可有助於為新產品建立品質口碑，能激勵零售商加大市場推廣的力度，而且可以用來維持品牌形象和質素標準。

如果供應商純粹以質量性標準來選擇零售商，而該安排在符合下列條件時，不會引起第一行為守則下的問題：

（i）產品的性質令該產品需要有選擇性分銷網絡來保障其品質，並確保其被正確使用；

（ii）網絡成員（即獲授權的零售商）的選擇，以非歧視性的質量性標準為基礎，如其操作相關產品的技術能力，或其處所與產品的品牌形象的匹配度；及

（iii）相關標準不超過該產品的需要。

若不符合這些條件，競委會可考慮下列問題：

（i）該安排是否引起分銷／零售層面的反競爭封鎖；及／或

（ii）該安排是否助長供應商之間或分銷／零售商之間的相互串通。

當供應商具有市場權勢，且獲授權的零售商數目較少，及／或市場內所有主要競爭供應商，均採用類似的選擇性分銷方法，則較有可能產生損害競爭的風險。

第八章

第二行為守則及其指引

8.1 第二行為守則

《競爭條例》第 21（1）為第二行為守則所針對的行為下了定義：「在市場中具有相當程度的市場權勢的業務實體，不得藉從事目的或效果是妨礙、限制或扭曲在香港的競爭的行為，而濫用該權勢。」據此，第二行為守則有三大要素：

（ i ）從事相關行為的實體是**業務實體**；

（ii ）該業務實體在某市場中具有**相當程度的市場權勢**；及

（iii）該業務實體藉從事目的或效果是妨礙、限制或扭曲在香港的競爭的行為，而**濫用該權勢**。

所謂相當程度的市場權勢（substantial market power）的法律用語，是從澳洲的法例借用而來，這用語被指較歐盟所用所謂市場優勢（market dominance）的字眼更寬鬆，即採用更低的門檻。我們知道歐盟自上世紀七十年代香蕉案起〔聯牌歐陸香蕉案（1976），歐案（15），197 頁〕，市場佔有率超過 40% 就成為是否已構成優勢，從而應受到監管的門檻（threshold）。當然，無論是英國或是美國，都有案例顯示它們曾針對更低比率門檻的情況。香港《競爭法》又將採取什麼標準？

香港立法者的意圖，似乎是傾向較歐盟更低的市場比率。在立法二讀時的討論過程中，一份交給法案小組的討論文件中論述了政府草擬法律時

的構想，這些討論對我們如何理解立法者的立法意圖有相當幫助（CB（1）1652/11-12（02））。

曾經有人提議用 25% 作指標，低於這門檻的業務實體不大可能被視為具有相當市場權勢，但高於此則也不能被假定市場權勢已經存在。有議員提議將門檻提升到 30% 甚而 35%，但政府認為這可能將一些寡頭壟斷（oligopolies）的行為排除出第二行為守則的適用之外。這類業務實體單一時可能只有 30% 的市場佔有率，但對市場甚具影響力。

為令到中小企業放心，政府提議將受豁免的業務實體的年度營業額，由最初提議的 1,100 萬元增加到 4,000 萬元，這令到 95% 的中小企業事實上不受第二行為守則的影響（另見本書第十一章有關對中小企業的保護）；而高於年度營業額 4,000 萬元的企業，只要不佔多於 25% 的市場佔有率，亦不會被視為具有相當程度的市場權勢。

由這份政府文件可以理解政府在《競爭法》中使用「相當程度的市場權勢」的用語而不用「市場優勢」的歐盟法律用語，是希望適用第二行為守則的門檻，是較歐盟更低的門檻。但這裏亦應同時指出，無論是歐盟或是美國，皆有案例企業在遠低於 40% 市場佔有率時，一樣被裁定是濫用市場優勢因而是違法的。

香港所採用的相當程度的市場權勢，與歐盟用的市場優勢是相同的概念，例如業務實體能在持續一段時期內（香港所採用的相當程度）提高價格至競爭水平之上而有利可圖。再者，其亦可通過其他方式顯示出來：

（i）在持續一段時期內**降低產品質素**至競爭水平以下，卻**沒有降價**以作彌補；

（ii）在持續一段時期內**減少產品類型**或種類至競爭水平以下；

（iii）在持續一段時期內**降低客戶服務水準**至競爭水平以下；及／或

（iv）在持續一段時期內，相對競爭水平而言，**窒礙創新**及在任何其他層面損害市場上的競爭。

根據《競爭條例》第 21（2）條，以下情況尤其可能構成濫用市場權勢：

（ i ）對競爭對手的**攻擊性**表現——攻擊性表現包括「**攻擊性定價**」，即具有相當程度市場權勢的業務實體，將其價格降低至低於適當的成本標準，故意在短期內**蝕本經營**，以消除一個或多個競爭對手或損害其競爭實力，或阻止潛在競爭對手進入市場。

（ ii ）以損害消費者利益的方式**限制生產、市場或技術發展**——此類行為包括損害競爭過程和消費者利益的反競爭**搭售及捆綁銷售、拒絕交易**，以及**獨家經營**。還有一些情況要特別介紹。

《競爭條例》附表一第 6 條規定，第二行為守則不適用於年度營業額不超**過港幣 4,000 萬元**的業務實體所從事的行為，這是適當地消除了中小企業的疑慮。競爭法例的原意及國際經驗都不是要針對中小企業，反而是要保護中小企業有競爭生存的空間。

另據《條例》第 23 條，即使濫用市場權勢的行為發生在香港以外，第二行為守則同樣適用。大家可能有疑問，進行第二守則行為時難免有各類協議的出現，這會否同時觸犯第一行為守則？答案是會同時違反兩個守則的。

第二行為守則的指引是根據《競爭條例》（第 619 章）第 35 (1) (a) 發出，但最終解釋這些行為的不是競委會而是法院（指競爭事務審裁處及其他法庭，競委會對條例的詮釋沒有約束力，守則的指引可基於經驗及法庭判例而不時被修訂）。

8.2　界定相關市場

若要成立濫用市場權勢行為的指控，競委會先要界定何謂市場，這是指某一產品的「相關市場」（relevant market）。如何在法律層面界定「相關市場」的涵義更具技術性，而競委會界定相關市場的考慮和結論，可能有別於業界一般所理解的。

競委會將不會於每件案件機械地遵從下文所述的每一個步驟，相反，競委會將使用一套包含界定相關市場的分析框架；這是一套分析工具，其目的

是以系統的方式，確定業務實體在某個市場中營運時，所面對的競爭制約。

　　某個案件中所界定的市場，並不約束競委會在其他案件中的判斷。儘管如此，競委會在界定市場時，將考慮過往判斷的依據，因為先例的裁判所依的理由，必然深具參考價值。

　　這裏介紹兩件英國及歐盟案例，以了解界定市場的複雜性。首先看〔Harwood Park 火葬場案（2005），歐案（5），183 頁〕，一間公司拒絕了另一間殯儀服務公司使用其營運的火葬場服務，指方圓 30 里之內有其他火葬場，而營運公司只佔市場的 15.6% 使用率，遠離一般市場優勢定義的 40%。英國的公平交易處接受這一辯解，裁定沒有違反競爭；但上訴審裁處不同意這一界定，指出由於英國的死亡人數逐年下降，消費者對服務更為選擇，營運公司在兩區的市場有優勢，其行為構成了濫用優勢，用方圓 30 里作地域市場是錯誤的界定（其在更少的範圍是獨家生意）。

　　另一可供參考是〔可樂在歐盟案（2004），歐案（14），195 頁〕引起的問題。在這一案中市場界定為可樂味、檸檬味、橙味及類似酸苦味的碳化飲品，不包括水裝及運動能量的飲品。依這一界定，可樂佔有率在好些國家高於四成。如果單以百事可樂同可口可樂作比較，在比利時是 5% 比 68%，在法國 6% 比 60%，可口可樂處於絕對的優勢（指碳化飲品）。有關的市場研究亦分開兩大不同出售途徑，分別為自取途徑（超市、平價店及大量購買店）及即用途徑（酒家、酒店、食堂），其佔有率亦自然在不同的相關市場中有所分別，這可見如何正確定義市場的複雜性。

　　產品市場： 由買方角度出發的替代性（需求替代），是界定相關市場定義的核心因素；該市場定義通常包括一種（或多種）被調查的產品。

　　守則中提出一個決定市場的概念及分析方法。先分析當被調查的產品有「輕微但顯著且非臨時性漲價（small but significant and non-transitory increase in price，簡稱為 SSNIP）」的情況下，是否有足夠的買家轉購其他替代品，而令漲價（SSNIP）無法獲利？如果答案是不會，被調查的產品可被界定為相關的產品市場，並沒有其他替代品。如果答案是會，則替代品也應包括在相關市

場之內（即包含更多的產品在相關市場之內，而計算被調查產品的市場佔有率時，其比例就會降低）。這測試會重複多次，直至答案為不會才停止。下圖及虛構示例 1 展示前段所述的分析方法的應用。

SSNIP 的應用程序

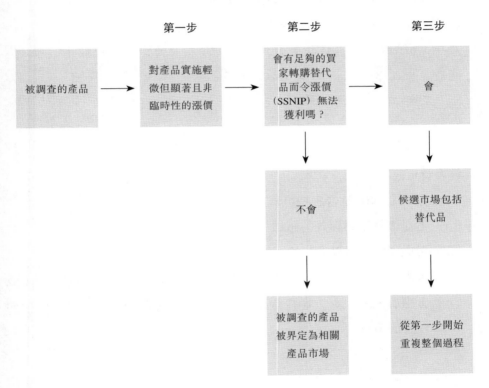

資料來源：競爭事務委員會

虛構示例①

CoffeeCo 是一個流行品牌的即飲型咖啡飲料的製造商。當它決定將產品價格加價至超過在競爭下的水平的 5% 時，有相當比例的 CoffeeCo 顧客轉而購買 TeaCo 生產的即飲型茶飲料。TeaCo 贏得 CoffeeCo 的銷售額，足以令 CoffeeCo 的加價行為變得無利可圖，迫使 CoffeeCo 將價格降至原來的水平。在此情況下，相關產品市場將至少包括 CoffeeCo 及 TeaCo 的產品。

資料來源：競爭事務委員會

競委會可能：

（ⅰ）分析 SSNIP 是否有利可圖；

（ⅱ）考慮價格變動模式的證據；

（ⅲ）考慮產品的特點和用途；

（ⅳ）考慮市場中其他活躍的業務實體所提供的證據及其商業策略；及／或

（ⅴ）考慮有關其他買方過往行為（如在價格上漲時轉向其他產品的傾向性）的證據。

〔聯牌歐陸香蕉案（1976），歐案（15），197 頁〕

聯牌歐洲是一間跨國集團公司在歐洲的代理人，在 1974 年時 United Brands 佔有全球香蕉貿易的 35%，佔歐洲市場 40%－45%。歐盟當時的案例定義濫用優勢為擁有七成佔有率，而本案後亦有更低的比例案件，但本案令四成當時市場佔有率被普遍假定為有市場優勢的比例。

　　地域市場：界定相關產品市場的過程，可同樣應用於界定產品的相關地域市場。地域市場可能涵蓋全球或區域性地區，或僅限於香港或香港的一部分。與界定相關產品市場時的情況相同，界定相關地域市場可採用 SSNIP 分析。買方在多大程度上願意、並且能夠到其他地區購買產品，也是相關的考慮因素。

虛構示例②

　　某五金店是大嶼山地區唯一銷售特定專用油漆的店舖。當它決定將該專用油漆的價格提高 5% 之後，該店的許多顧客決定轉到香港島的專用油漆店購買替代產品。轉往香港島的顧客數量足以令大嶼山五金店的漲價變得無利可圖。基於上述事實，競委會將推斷，該五金店參與競爭的相關地域市場至少由大嶼山及香港島所組成。

　　資料來源：競爭事務委員會

虛構示例③

　　本港一間牛奶生產商將其一公升裝牛奶的價格提高了 5%。購買牛奶的零售商舖均具備從香港周邊地區採購的運輸能力。他們於是決定，以較低的價格向距離漲價生產商 10 公里的另一生產商購買牛奶。從零售商的角度來看，相關地域市場將包括兩間生產商的所在地區。然而，若從最終消費者的角度來看，便不一定會得到同樣的結論。假如一間零售商舖將一公升裝牛奶的價格提高 5%，最終消費者未必願意到 10 公里外的零售商舖去購買價格較低的牛奶。

　　此例說明，地域市場可能因為相關產品所涉及的買家的性質而有所不同。

　　資料來源：競爭事務委員會

特殊的市場問題

時令市場：繁忙和非繁忙時段的服務，季節性市場，需求在不同時間有較大分別。

價格歧視市場：供應商能以價格區分不同群組的買家，這些買家群組或宜被評估為個別市場。

〔**聯牌歐陸香蕉案（1976），歐案（15），197頁**〕

聯牌歐洲是一間跨國集團公司在歐洲的代理人，在 1974 年時 United Brands 佔歐洲市場 40%－45%。聯牌對不同國家的不同分銷商收取不同的價格。聯牌指不同價格供貨予分銷商是與貨品最終在市場出售的價格掛鈎，亦所以是有道理的。法庭認為這一辯解不合理。歧視性價格（discriminatory prices）會影響跨境貿易，所以就已經構成濫用優勢，而不需再理會後面的商業理由。

〔**葛蘭素史克公司案（2009），歐案（4），182頁**〕

葛蘭素是歐洲一間重要藥品發展及銷售市場推廣者。他們在西班牙的批發情況，82 類藥品中有 8 類是有平衡進口。79 間批發商與葛蘭素的附屬公司簽了合約，訂明 82 類藥品有雙重價格（dual pricing）。情況是若然在醫院購買（國民醫保支付費用）藥品，收取法律上限的藥價，在其他情況下購藥，則收取更高的藥價。法庭認為原則上雙重價格用以打擊平衡貿易是一定違反競爭法的。

配套市場：指次要產品的市場，所謂次要產品，是指因為購買了主要產品，才會購買的產品。主要產品和次要產品可被視為具有互補性。恰當的市場定義可能有：

(ⅰ) 單一系統市場，由主要產品及次要產品組成的（即機器 A 及其零件〔系統 A〕與機器 B 及其零件〔系統 B〕相互競爭）；

(ⅱ) 雙重市場，主要產品構成一個市場，而所有次要產品構成另一個獨立市場（即有兩個市場，一個涵蓋所有主要產品，另一個涵蓋所有次要產品）；或

(ⅲ) 多重市場，主要產品構成主要市場，而每款主要產品各有與之相關的次要市場（即有一個涵蓋所有主要產品的市場，及與主要產品種類數量相同的次要市場）。

自用生產：競委會將不會把自用生產考慮在相關產品市場內，但會評估自用生產是否帶來潛在競爭約束。

雙邊市場：同時為爭奪兩個需求相互關聯的顧客群而競爭的市場。業務實體利用雙邊平台，出售產品給兩個不同的買方群體。雙邊市場範例包括網上拍賣平台及電子遊戲市場。其市場定義更加複雜。在評估雙邊市場內的市場權勢時，必須考慮每一邊市場內的所有競爭制約。

動態及創新市場：具有技術迅速變化的特點。例如，新產品可能被開發出來，原本獨立的功能可能被整合到新產品內。這些發展往往不可預測，導致新市場的出現或令原本獨立市場融合起來。因此，市場界限可能隨時間而迅速轉變，從而令個案調查中界定市場定義的工作更加困難。

競投市場：在競投市場內，相關市場將包括所有可被視為在相關地域範圍內，有能力就有關產品投標的可靠競投者。

供應替代及潛在競爭

產品可被視為受到來自三個方面的競爭制約：

(ⅰ) 供應替代性是指業務實體在相關產品價格提高時，轉而生產該產品

　　　　　　或開始向價格被提高了的地區供應該產品的能力。

（ii）潛在競爭是指可能進入市場的新業務實體，及市場中現有業務實體可能的擴張所帶來的競爭制約；當供應商無法在短期內輕易轉換所生產的產品，該等供應商會被視作潛在競爭，而非供應替代。

（iii）在界定相關市場時，競委會一般不會計算供應替代性和潛在競爭；因為無論市場如何界定，業務實體仍可能受到來自市場外的競爭制約。重點是要在市場權勢的評估中，競委會將所有競爭制約的來源考慮在內。

8.3　相當程度市場權勢的評估

　　競委會在判定某業務實體是否具有相當程度市場權勢時，《條例》第 21（3）條列出以下考慮的因素：

（i）業務實體的市場佔有率；

（ii）業務實體作出定價及其他決定的能力；

（iii）競爭者進入有關市場的任何障礙；及

（iv）其他有關事宜。

　　市場權勢的評估包含對以下因素的分析：**市場佔有率、買方抵銷力量、市場進入或擴張障礙**，以及個別**市場特點**。

　　市場佔有率及市場集中度：雖然反映具有相當程度的市場權勢，不過，較高的市場佔有率，並不只是意味着相當程度的市場權勢。例如，在某一新興產品市場，某業務實體市場佔有率持續高企，可能顯示其不斷有成功的創新發明，因而未必表示市場競爭無效。計算市場佔有率時，下列資料或被採用：

（i）**營業額或銷售值數據**——市場佔有率通常透過量度業務實體向相關市場的客戶銷售貨品的價值而確定。

（ii）**銷售量數據**——在有關產品性質相似的一些案件中，以相關市場內

向顧客銷售產品的數量，可能更有助量度市場佔有率。

（iii）**產能**——市場佔有率亦可透過量度業務實體在相關市場的供應能力而確定，尤其當產能是業務實體競爭能力的重要因素，例如生產能力已達到飽和或接近飽和的行業。

（iv）**其他指標**——計算市場佔有率時，亦可考慮的指標有：現有產品庫存、顧客群、新顧客比例等。

市場集中度可以補充量度市場佔有率所得的結果，量度市場集中度有兩個常用的方法：

（i）**集中度比率**——該比率計算市場內少數（通常為三或四間）具領導地位業務實體的市場佔有率總和；例如，三間企業的集中度比率，即所謂「three-firm concentration ratio」，或簡稱「CR3」，其顯示市場內三個具領導地位的業務實體所供應的市場比例。

（ii）**赫芬達爾指數**——赫芬達爾指數（即所謂「Herfindahl-Hirschman Index」，簡稱「HHI」）是一種量度市場集中度的指標，市場參與者規模上的差異及其數目均會考慮在內。HHI 的計算方法，是將市場內所有業務實體的市場佔有率百分比的平方值相加。

市場進入或擴張的障礙（Barriers to Entry or Expansion）

我們對偏高的市場佔有率充滿戒心，是不無道理的，因為持續高企的市場佔有率，可能意味着市場存在進入或擴張的障礙。這是指阻止或妨礙準備新進入者進入市場，或以其他方式，使他們處於相對現有業務實體顯著競爭劣勢的各種因素。市場進入或擴張的障礙愈低，業務實體愈難調高售價，這自然是有利消費者的。持續高企的市場佔有率，則可能意味着市場存在進入或擴張障礙。

虛構示例④

　　一間肉檔在某地區的肉食供應中擁有 70% 的市場佔有率。由於該區顧客不願到其他地區去購買肉類，該地區因此構成獨立的地域市場。僅評估該肉檔的市場佔有率，或會顯示其具有相當程度的市場權勢。但是，假如進入市場的障礙很低（一般會預期肉類零售類的商業活動通常如是），其他肉檔便可輕易到該區開始營運，進而令第一間肉檔不能在有利可圖的情況下，將價格維持在競爭下的水平以上。因此，無論該肉檔的實際市場佔有率為何，該肉檔都不會具有相當程度的市場權勢。

　　資料來源：競爭事務委員會

　　只有在新競爭者在相當可能、及時和充分的情況下進入市場，情況才被視為對現有業務實體構成競爭的制約性。「及時」意味着市場進入或擴張將會在合理時間之內發生，以阻嚇市場權勢的運用；「相當可能」是指可以預期新競爭者的加入和盈利；「充分」意味着新競爭者加入市場的規模，足以防止或阻嚇現有業務實體運用市場權勢。市場進入或擴張障礙的例子包括：

（ⅰ）規例和法律上的障礙（如發牌規定）；

（ⅱ）結構性障礙（如顯著的規模或範疇經濟或網絡效應）及

（ⅲ）市場現有業務實體故意製造或增加的策略性障礙，例子包括訂立長期合同、策略性的品牌擴增、或累積過剩產能，以向潛在新進入者表明，其有能力將價格降至令新競爭者不能收支平衡的水平。

買方抵銷力量

　　倘若買方可以選擇不同的供應商，便具有買方抵銷力量，能夠可信地威脅繞過該供應商的支持。買方抵銷力量須足以保護整個市場，買方力量若僅

保護特定或有限部分的顧客免受市場權勢影響，則不會被視為足夠有效的競爭制約。

（ⅰ）該買家可在合理期限內，以低成本輕易轉換跟原有供應商採購大部分的產品；

（ⅱ）該買家可在較短時間內自行生產，或「贊助」新供應商進入市場或其他供應商擴展市場；

（ⅲ）該買家是某大供應商的重要顧客；及／或

（ⅳ）該買家可透過競爭性的招標採購，加強各供應商之間的競爭。

評估相當程度市場權勢的特殊問題

（ⅰ）競投市場——即使只有少數供應商，競爭也可能很激烈，尤其是當招標次數並不頻密。

（ⅱ）縱向制約——這類市場狀況能防止業務實體獲得相當程度的市場權勢，假設 A 是 B 的原料供應商，C 則是 B 製成產品的代替品，如顧客多使用 C 產品，可能會制衡原料供應商 A 的漲價能力。

（ⅲ）產能限制——競爭對手有時不能透過增加產量作出回應，一個產能有限行業中的業務實體，較之一個產能過剩行業中的業務實體，則前者更有能力將價格提高至具競爭力水平以上。

8.4　濫用相當程度的市場權勢

並非所有反競爭行為都是違法，而是當從事**目的**或**效果**是妨礙、限制或扭曲香港市場的競爭，才是違法。這就是所謂濫用了市場權勢（abuse of market power），才會違反第二行為守則，而所有濫用市場權勢的行為種類是無法盡錄的。業務實體可能利用其在第一個市場內的市場權勢，來損害第二個市場的競爭；例如，將兩種產品捆綁搭售，以損害被搭售市場內的競爭，此行為可能會構成濫用行為。

　　參考近年最有名的谷歌案〔谷歌被全球追究違反競爭（2015），歐案（2），180 頁〕，谷歌（Google）是一個在全球各地市場都有 90% 以上市場佔有率的網站搜尋器霸主，不單兼營其他網站，甚而自行出產電腦，這本身不違法；但利用自己在互聯網上的市場優勢協助自己有關產品的宣傳，則屬違反競爭。事件是由於幾間英國及法國的公司投訴，發覺自己公司的排位不合理的在谷歌被壓後（push down），目的是有利與谷歌有關公司的競爭。具體的行為，例如要求客戶只光顧谷歌的搜索廣告（搜索廣告是搜索結果旁邊顯示的廣告），令其他廣告服務提供者無從競爭。這類廣告在「在線購物」、「在線電影」、「在線雜誌」等服務至為重要。又把搜索服務網站的競爭者的資料，將其安置在自己直屬同類網站之中，例如有關書籍、電影、飲食、旅遊評語等。

　　「目的」：在考慮到其法律和經濟背景下，業務實體作出行為所追求的客觀目標，而不僅是業務實體的主觀用意。如某行為有多於一個目的，只要其中一個目的是損害競爭，即屬違反第二行為守則。

　　（i）根據《條例》第 22（2）條，有關行為之目的可憑推論而確定；因此，由行為的相關事實或周遭情況，可以推論出該行為的反競爭目的。

　　（ii）若某行為具有損害競爭之目的，則競委會無須證明其具有損害競爭之效果；競委會只需證明行為具有損害競爭之**目的**或**效果**的**其中一樣**。

　　「效果」：當某行為造成或可能造成以下情況時，該行為具有或可能具有損害競爭的效果：

　　（i）更高的價格；

　　（ii）產量受到限制；

　　（iii）產品質素下降；及／或

　　（iv）反競爭封鎖。

　　《條例》旨在維護市場競爭，而非個別市場參與者的商業利益；當競爭者有強烈誘因贏取競爭角力時，消費者便會受惠，而法例只會針對損害競爭過

程或消費者的行為。

8.5　濫用市場權勢行為的示例

（ⅰ）攻擊性定價（predatory pricing）；

（ⅱ）搭售及捆綁銷售（tying and bundling）；

（ⅲ）利潤擠壓行為（margin squeeze conduct）；

（ⅳ）拒絕交易（refuse to deal）；及

（ⅴ）獨家交易（exclusive dealing）。

8.5.1 **攻擊性定價**（Predatory Pricing）

最典型的情況是故意訂定低於成本的低價，以迫使一個或多個業務實體退出市場，或打擊競爭對手。雖然自己可能在短期內出現虧損，但預期能夠在較長時期內，收取更高的價格，除追回利潤外，亦可迫走競爭對手。這裏有兩類情況：

（ⅰ）是定價低於平均可變成本（average variable cost，簡稱「AVC」）。這是不大可能合理的經濟行為，競委會依此可認為其帶有攻擊性的意圖。

（ⅱ）若業務實體的定價高於其平均可變成本，但仍低於其平均總成本（average total cost，簡稱「ATC」），則該行為可被視為是完全合理的商業行動。

虛構示例⑤

KowloonVend Ltd 與 NewVending Co 是本港境內僅有的兩間銷售自動售貨機的公司。KowloonVend 享有大部分自動售貨機銷

售額，相比之下，新近進入市場的 NewVending 所佔的銷售額則小得多。KowloonVend 原本以高利潤的價格銷售其自動售貨機。而 NewVending 在進入市場時，以低得多的價格銷售其自動售貨機，令 KowloonVend 的市場佔有率開始下降。KowloonVend 所損失的銷售額全部均由 NewVending 取得。為此，KowloonVend 將其價格下調一半。此低價不足以支付 KowloonVend 任何標準的成本，其銷售的每一台自動售貨機都在蝕本。NewVending 無法以如此低的價格與其競爭，最終倒閉。

假設能證明 KowloonVend 具有相當程度的市場權勢，競委會可能會將 KowloonVend 的行為評估為違反第二行為守則的攻擊性行為。有關行為更可能被視為具有損害競爭的目的。

資料來源：競爭事務委員會

8.5.2 搭售及捆綁銷售（Tying and Bundling）

搭售及捆綁銷售皆為違反競爭、濫用市場權勢的經營手法，競委會會評估某一行為是否違反了第二行為守則。一般而言，捆綁是指將兩件或以上產品組成的套裝以折扣價出售，是常見的商業做法，一般不會損害競爭，反而會促進競爭，因為此等做法往往可以降低生產、交易及資訊成本，並提供消費者更多方便。

供應商將顧客購買一種產品，作為向其銷售另一種產品的前提條件，即成搭售，因搭售產品並不單獨銷售。捆綁則是指將兩件或以上產品組成的套裝以折扣價出售。

不過，在搭售市場內具有相當程度市場權勢的業務實體，可憑藉搭售來損害被搭售市場內的競爭對手。其手法是利用在搭售市場內的市場權勢，來封殺被搭市場的競爭，削弱競爭對手的競爭力，迫使其退出被搭售產品的

市場。之後，業務實體自然可以提高該產品的價格，損害消費者利益。

〔國際鹽業案（1947），美案（9），205頁〕

國際鹽業公司是美國跨州最大工業用鹽的生產者，公司擁有一處理鹽及混合鹽到不同食品的機器的專利。公司要求顧客在租用其機器的同時，要購買由同一公司所生產的鹽或鹽粒，並只能使用這些由被告提供的鹽去生產食品。法庭裁定這是違反競爭的行為，公司提出產品需符合一定品質的辯解不能成立，因為應讓消費者（機器租用者）有機會去選擇其他符合品質的鹽。

虛構示例⑥

為本港醫院及診所提供醫療器械的主要供應商在其銷售合約中規定，顧客必須向其獨家購買這些醫療器械所使用的消耗性產品。此合約要求嚴重限制了與該供應商競爭的獨立消耗性產品製造商可獲得的顧客群。假如該供應商在有關醫療器械市場具有相當程度的市場權勢，損害消耗性產品市場內競爭的合約安排，便可能構成濫用市場權勢的搭售，從而違反第二行為守則。

類似的分析亦適用於搭售服務。例如，若該醫療器材供應商要求顧客必須使用該供應商（或該供應商的附屬公司）的醫療器材保養和維修服務，此做法便可能引起第二行為守則的關注。

資料來源：競爭事務委員會

　　在評估搭售及捆綁行為時，競委會將考慮搭售及被搭售產品（或套裝組成產品）是否屬於不同的產品；如果屬於不同產品，該行為是否具有反競爭效果。該行為若導致其競爭對手不能合理地銷售其產品時，尤其可能被視為有反競爭效果。

〔可樂在歐盟案（2004），歐案（14），195 頁〕

　　可口可樂在歐洲一些國家的市場佔有率達到七成，其中一項指控是可樂公司的一些搭售安排，例如購買可樂三大產品一定數量之時（可樂、低糖可樂及芬達橙飲），需一併購買可樂其他產品如芬達檸水。研究顯示可樂的客戶並無多大抗拒這類搭售的能力（in weak position），可樂公司亦會免費提供凍飲機，但這些機櫃只可售可樂，對於一些細小即食店而言，往往無其他地方提供擺放其他凍飲機。

虛構示例 ⑦

　　熱門牙刷品牌 Cleen Teeth 的製造商決定在香港零售店進行特別優惠促銷。購買 Cleen Teeth 牙刷的客戶可以折扣價獲得其新牙膏產品 SparkL Advance 一支。此項優惠促銷的限期三個月，旨在幫助 Cleen Teeth 提升 SparkL Advance 在市場內的知名度。即使假定 Cleen Teeth 在有關牙刷市場內具有相當程度的市場權勢，此項捆綁安排不大可能違反第二行為守則。SparkL Advance 的折扣不大可能具有限制 Cleen Teeth 的競爭對手在牙膏市場競爭力的目的或效果。該折扣的時效有限，且在推廣新產品方面具有支持競爭的經濟效率。

　　資料來源：競爭事務委員會

8.5.3 利潤擠壓（Margin Squeeze）

利潤擠壓是指一種當企業在上游市場（upstream market）及下游市場（downstream market）皆享有市場權勢之時，企業同時向營運下游市場的競爭對手供應一種重要原件，利潤擠壓則可發生。這是指該企業「擠壓」下游市場內競爭對手的原料價格，與其下游業務向顧客收取的價格之間的利潤，致使下游競爭對手因而無法有效競爭。

在評估某行為是否構成濫用市場權勢的利潤擠壓時，競委會會考慮兩大因素：

（i）有關上游有原件的性質——若從下游市場參與者的角度看，因上游產品是不可缺少的原件，利潤擠壓更可產生反競爭效果。然而，即使上游原件有其他代替品，仍不能排除市場權勢被濫用。

（ii）利潤擠壓的程度——若具有相當程度市場權勢的企業的下游產品價格，與其向下游競爭對手收取的上游原件價格之間的差異是負數（即該業務實體的上游價格高於下游價格），或至少不足以支付該業務實體的下游產品的相關的成本，則可產生利潤擠壓。

還有更簡單的方法，在縱向（vertical）的業務實體之間就產品的成本訂價，若然會令到下游市場其他競爭者無利可圖，而不能不退出競爭，這就具備了擠壓的作用。德國電訊案就是用利潤擠壓手段，在下游市場阻止其他電訊商加入市場的手法，是一件最好的案例。

〔德國電訊案（2010），歐案（6），185頁〕

這是一件由 2003 年審到 2010 年尾的案件。德國電訊（Deutsche Telekom）是一間從德國公營郵政私有化出來的公司，仍由國家持有 43% 股份，其餘 57% 為公開發行股票。德國電訊原本享有專營地位，在 1988 年被命令要開放市場給予競爭者，前後過

了五年時間，德國電訊還是佔上游市場 100% 和下游市場 95%，只餘 5% 的市場則由眾多的競爭者所經營。上游市場的收費（批發價）由政府所規定，而下游市場的零售價則由政府規定了最高收費（cap price）。

德電被投訴不是收費過高而是過低，由於批發價與零售服務之間的差價太少，不及德電在提供零售服務時所需的成本（product specific costs），這令到根本沒有新的競爭者可以加入下游市場的競爭，德電是因為其低於成本的零售服務收費構成濫用其市場優勢，所以是違反競爭的行為。德電是可以藉增加對最終使用者（end user）的收費，以逃避利潤擠壓的指控。

歐盟競委會提出兩個違法的**歸因指標**（imputation test），以決定利潤擠壓是否已經發生：（i）是當公司有市場優勢時，這公司不能經提高上游市場的收費，而令下游市場獲利；及（ii）是上游市場與下游市場的收費差額，不足以令一合理的競爭者獲取正常的利潤。歐盟競委會在這案例基本上是依賴了第一指標。

〔英國高雪氏病藥品案（2004），歐案（9），188 頁〕

Health Care at Home 是自 1998 年起提供護理服務的機構，根據其與藥廠的協議，機構自藥廠以固定價購藥，藥廠支付護理的費用，而政府則會支付藥廠藥的費用。在 2000 年，藥廠告訴 Health Care 會在一年後終止合作，並自行建立自己的護理服務機構。Health Care 要求藥廠提供合理地低於政府支付的藥價（政府支付

給藥廠的費用包括了護理服務），藥廠拒絕了要求。英國的競爭上訴庭裁定藥廠違法。法庭指藥廠的做法為價格擠壓，效果是令到 Health Care 在提供護理服務之時無法生存，不論其營運如何有效率。

8.5.4 回扣（Rebates）

附條件回扣，特別是忠實或忠誠客戶回扣，是用回扣對顧客的特定採購行為予以獎勵的做法。忠實客戶回扣計劃通常涉及以財務激勵換取買方向供應商購買更多產品的承諾。一般來說，此類回扣屬於旨在刺激需求、並令消費者受惠的正常商業行為。

但具有相當程度市場權勢的業務實體所提供的回扣，可能具有與獨家採購要求類似的封鎖效果（foreclosure effects）。忠實客戶回扣通常要顧客於特定期限內購買超過一定額度的產品，才會給予回扣，因此可能嚴重封鎖市場。

〔英特爾案（2009），歐案（1），179頁〕

英特爾（Intel）佔有 70% 份額的腦芯（CPU）市場，其提供給戴爾（Dell）、惠普（HP）、聯想集團（Lenovo）等特別回扣，條件正是要獨家使用英特爾的中央處理器（CPU）產品。英特爾結果被歐盟罰了 10 億歐元。

〔英航與維珍航空案（2007），歐案（12），192 頁〕

英航向旅行社所安排的不是一般性基本回佣制度，由 1998 年起提供三類有經濟誘因（financial incentives）的制度，特別嚴重是第三類的表現嘉許計劃（performance reward scheme），代理可因個別月份與去年同一月份的售票增長表現而多獲紅利。以國際航線而言，基本佣金為 9%，但若增長為一倍則可獲佣金高達 17.4%。英航更特意將基本佣金下壓為 7%，迫使代理盡力促銷。英航結果在歐盟敗訴，但在美國則獲勝訴。

回扣可分為個別回扣（即相關購買量額度會按每位顧客的需求而定）或標準回扣（即同一購買量額度適用於所有顧客）。一般來說，具有相當程度市場權勢的業務實體可用個別回扣達致最大封鎖效果，而標準回扣提高客戶忠誠度的效果卻可能因人而異。因此，標準回扣不大可能引起有關競爭的關注。而一般以訂單大小為前提的批量回扣也不大可能引起競爭關注，除非其本質具有攻擊性。

虛構示例⑧

本港知名的大型米線生產商 LargeNoodle Co，向購買其米線達至特定數量的本地雜貨店提供大額回扣。LargeNoodle Co 為向每位顧客量身定制其採購量目標，所訂的目標大概相當於有關顧客通常購買的米線數量。該等目標的計算周期為一年，並逐年增加，為期五年。除非雜貨店達到採購量目標，否則無法獲得回扣，而一旦超

過該目標，該店當年從 LargeNoodle Co 購買的所有米線都會獲得回扣。

以上回扣計劃的效果是令顧客從 LargeNoodle Co 購買所有所需的米線數量，因為如果不這樣做，便會損失該年的全部回扣。該做法實際上將其他米線生產商封鎖於大部分雜貨供應市場之外，令其無法有效地與 LargeNoodle Co 競爭。假設 LargeNoodle Co 具有相當程度的市場權勢，其回扣計劃便可能構成第二行為守則下濫用市場權勢的行為。

資料來源：競爭事務委員會

虛構示例⑨

一家本港玻璃製造商為多間本地建築公司提供窗戶玻璃。當供應給這些公司的玻璃數量增加時，由於平均運輸成本下降，該製造商的單位成本亦隨之下降。鑒於成本有所降低，且為了促進銷售，該製造商為達到某採購量目標的顧客提供折扣優惠。折扣優惠僅適用於採購量目標以上的玻璃，而相同的目標及折扣優惠均適用於所有顧客。另外，該玻璃製造商還為提前付款的顧客提供小折扣優惠。

即使假設該玻璃製造商具有相當程度的市場權勢，上述折扣不大可能違反第二行為守則。提前付款折扣優惠不大可能具有限制競爭的目的或效果。至於其他折扣優惠，其標準回扣及增量回扣的性質意味着，相比於個別回扣及/或追溯式回扣，它們封鎖競爭對手的可能性較少。而折扣優惠僅與採購量有關，並且是基於成本節約而定的事實，亦顯示它們不大可能引起第二行為守則的問題。

資料來源：競爭事務委員會

8.5.5 **拒絕交易**（Refusals to Deal）

拒絕交易是指具有相當權勢的市場實體，拒絕向其他業務實體供應原料，或故意以不合理的條款供應該原料，收取高價或延誤供應。拒絕交易可影響競爭對手無法獲得有關原料，阻礙其營運以形成有效的競爭制約，自然是有違競爭的行為。

〔聖路易斯鐵路總站案（1912），美案（5），201 頁〕

一間被稱為「聖路易斯鐵路總站公司」，負責營運橫跨密西西比河兩岸的橋樑及鐵路總站。過橋收費一致，但只限合營的有關鐵路公司。這合營企業被裁定違反了《謝爾曼法》，因為基於地理及地形的特殊情況，其他鐵路公司若不能使用這企業的設施，就不能過橋或甚而進入密西西比。此案亦確立了所謂「基要設施原則」（essential facility doctrine）。

〔歐陸電視對通用電話案（1977），美案（12），207 頁〕

在面對營業額的下跌，西維尼亞通用電話減少特許經銷商在一個地區的數目，並要求特許商在指定地域內只出售其電話。歐陸電視是一間被拒絕繼續代理通用電話產品的特許經營商，於是提出違反《謝爾曼法》的民事訴訟；地方法院判據基本上違法原則，判通用電話公司敗訴，陪審團認為地區限制協議違反了《謝爾曼法》第一條。但這次最高法院推翻了裁決，認為通用電話所作的限制並不太過妨礙競爭，並裁決這樣的商業運作需依據合理原則作準。

8.5.6 **獨家交易**（Exclusive Dealing）

具有相當程度市場權勢的業務實體，可能透過獨家交易安排來阻止競爭對手向其顧客銷售產品，以封鎖這些競爭對手。獨家交易的安排，包括要求顧客向特定業務實體獨家購買（不論直接或間接）全部或大部分其所需特定產品的安排。具有相當程度市場權勢之業務實體的獨家交易行為，若具有損害競爭的目的或效果，則可能構成濫用市場權勢的行為。其他義務（如存貨要求）即使嚴格來說並不具有排他性，亦可能具有與獨家採購相同的效果。

〔**國際鹽業案（1947），美案（9），205 頁**〕

國際鹽業公司擁有一處理鹽及混合鹽到不同食品的機器的專利。公司要求顧客在租用機器的同時，要購買由同一公司所出產的鹽或鹽粒，並只能使用這些由被告提供的鹽去生產食品，否則不肯租予機器。這大大妨礙了鹽市場的競爭。

〔**英特爾案（2009），歐案（1），179 頁**〕

英特爾（Intel）佔有電腦用的中央處理器 70% 的市場份額，2002－2005 年給戴爾（Dell）回扣，條件是戴爾只會獨家購買英特爾的腦芯（CPU）；2007 年給予聯想集團（Lenovo）特別回扣，條件是聯想要在手提電腦產品全數使用英特爾產品；英特爾給予歐洲最大電腦零售商 MSH（Media Saturn Holdings）金錢，但要求只售英特爾產品作腦芯的電腦（Intel-based PCs）。還有其他的不同程度使用英特爾產品要求，結果被罰款 10 億 6 千萬歐元，並且要英特爾停止有關的反競爭行為。

〔亞巴拉契亞山煤案（1933），美案（6），202頁〕

亞巴拉契亞煤公司由 137 家煙煤生產商組成，控制了維珍尼亞的亞巴拉契亞山脈區，包括西維珍尼亞、肯塔基州及田納西州。公司生產了 74% 山脈區的煙煤、54% 近鄰的地區及 12% 密西西比河以東的地區。各生產公司亦交託煤公司為煤生產品的獨家代理商。亞巴拉契則負責尋找最高價的買家，而若然訂單不足，則將定單額按比例分配給各煤商。這一協議成功令亞巴拉契佔據地區煤業的 74% 份額。地方法院裁決認為這 137 家生產商的排他性合約本身就是違法。但是美國最高法院駁回裁決，成為同類案件少有的例外。煤公司的目的只是想解決煤生產過多的苦惱問題，而協議減產同樣違反競爭。此案被視為支持美國普通法案例中合理原則（rule of reason）的重要案例。

第九章

豁除及豁免制度

　　所有的競爭法制度都有一定的豁免制度，包括豁免某些經濟產業或某類
經濟活動。近年引入競爭法律制度的地區，反而容許較少的豁免，而較發展
的工業國家，在早年訂立競爭法時卻容許更多的豁免；香港的情況似乎相反，
因其容許的豁除及豁免範圍甚大，這可是政治博弈的結果。

　　在先進地區的經驗中，豁免的情況會隨時間而擴大，一方面由於遊説活
動，也因為有需要被豁免的例子隨時間及經驗而增多。最多的受豁免經濟領
域為勞工、農業及運輸業，其他還有財務、銀行、保險、能源、通訊業、郵
政、業餘體育競賽及出版或傳媒等等。

9.1　競爭法的豁除及豁免權

　　香港的《競爭條例》是適用於香港經濟各個界別，要禁止以妨礙、限制
或扭曲在香港的競爭為目的或產生這些效果的行為，這些行為包括反競爭安
排以及濫用相當程度的市場權勢。《競爭條例》亦禁止大幅減弱競爭的合併。

　　一如其他國家和地區，香港的《競爭條例》亦提供了一個豁除及豁免
（Exclusions and Exemptions）機制，如成功引用，可令業務實體在違反法例內
第一及第二行為守則的行為得到豁免。當豁免或豁除適用於業務實體某一反
競爭行為時，便不被視為違法。條例不要求業務實體向競委會先申請，才能
受惠於特定豁除或豁免；當有關情況在競爭事務審裁處或其他法庭被提控之

時，作為答辯一方的業務實體可自由利用任何豁除或豁免條款作抗辯理由。

　　簡單來說，《競爭條例》中的豁除及豁免有三大情況：

　　（ⅰ）第 15 條申請集體豁免令。

　　（ⅱ）第一行為守則的豁除及豁免（第 9 條）。

　　（ⅲ）第二行為守則的豁除及豁免（第 24 條）。

　　據此，業務實體可根據任何提出申請（第 9 及 24 條），而競委會可作出決定（decision），以釐定某協議或行為是否被豁免或豁除於行為守則的適用範圍以外。

　　根據法例第 15 條，競委會亦可發出**集體豁免令**（Block Exemption Orders），以豁免各類提升整體經濟效率的協議。豁除協議指明是因附表 1 第一條而豁除第一行為守則的適用範圍之外的特定類別協議。競委會可主動或因應有業務實體申請而發出集體豁免令。如何申請，就需參考競委會所發出的指引文件。條例下的附表 1 載列了行為守則的**一般豁除情況**（General Exclusions）：

　　（ⅰ）可以提升整體經濟效率的協議；

　　（ⅱ）為了遵守法律規定；

　　（ⅲ）可令整體經濟收益的服務；

　　（ⅳ）合併；

　　（ⅴ）影響較次的協議；及

　　（ⅵ）影響較次的行為。

　　條例亦訂明業務實體可提出決定申請，以確定現有的集體豁免令是否適用於其協議。法例豁除了法定團體於競爭守則的適用範圍之外（Statutory Body Exclusion）。

9.2　法定團體豁除

　　《競爭條例》第 3 條訂明競爭守則和第 4 部（競委會的強制執行權力）及

第 6 部（於審裁處強制執行）有關執法的條文不適用於法定團體（法定團體豁除），除非行政長官會同行政會議在規例中另有指明（specified）。這一規定事實上令到《競爭條例》不適用於幾乎所有法定團體參與的商業活動之中，現時不獲豁免的法定機構只有六個，見下表。

不獲競爭法豁免法定機構	部分獲競爭法豁免法定機構
香港工業總會 香港工業總會理事會 梅夫人婦女會 嘉道理農場暨植物園公司 明德醫院 海洋公園	機場管理局 房屋委員會 房屋協會 科技園公司 旅遊發展局 貿易發展局 市區重建局 醫院管理局 西九文化區管理局 社會服務聯會

資料來源：商務及經濟發展局提交立法會文件

還有，行政長官會同行政會議可以：

（i）訂立豁除指明人士及指明活動的人士（Specified Person on Activities Exclusion）於競爭守則以外。

（ii）以公共政策為理由，於《憲報》刊登命令豁免某指明協議或行為於守則的規限以外（Public Policy Exemption）。

（iii）為避免與直接或間接關乎香港的國際義務相抵觸，於《憲報》刊登命令豁免某指明協議或行為，或某指明類別（Class of Agreement）的協議或行為，使其不受守則的規限（International Obligations Exemption）。

行政長官會同行政會議授予的豁除及豁免圖示

相關豁除或豁免		第一行為守則豁除或豁免	第二行為守則豁除或豁免
一般豁除	提升整體經濟效率的協議	✔	
	遵守法律規定	✔	✔
	令整體經濟受益的服務	✔	✔
	合併	✔	✔
	影響較次的協議	✔	
	影響較次的行為		✔
集體豁免命令		✔	
公共政策豁免		✔	✔
國際義務豁免		✔	✔
法定團體及指明人士或活動豁除		✔	✔

資料來源：競爭事務委員會

9.3　競委會考慮豁免的因素

　　原則上任何業務實體皆可向競委會提出申請豁免令或集體豁免，業務實體組織（行業工會之類）亦可申請集體豁免令。就集體性的豁免令申請而言，競委會期望申請人能夠代表更廣泛的行業利益，而申請人必須證明這點。

　　根據《競爭條例》第 9 條及 24 條，競委會決定是否批准申請，所考慮的三項因素統稱為**適宜性因素**（suitability factors）：

　　（i）**廣泛重要性且全新或懸而未決問題**（novel or unresolved question of
　　　　wider importance）——競委會會特別考慮到與該協議或行為有關的

貨品或服務，在消費者角度而言的經濟重要性；及該類協議或行為，在市場上是否全新及廣泛使用的程度。

（ii）現存案例或競委會的決定中**尚未獲釐清情況**（no clarification in existing case law on commission decisions）——申請人向競委會提交申請之前，審裁處現存案例，或競委會的命令、決定、指引或其他公開資料中沒有現存的相關指引。

（iii）提供足夠資料予競委會作出決定（sufficient information to make a decision）——這是指申請人有責任提供足夠證據支持其申請。提交資料之前，申請人應考慮他們希望那些資料獲得保密處理；若申請涉及假設性的問題或協議，競委會並不需要考慮這一申請。

法例並無特別的諮詢規定，但競委會十分歡迎及鼓勵所有準申請人與其進行初步諮詢（initial consultation）。初步諮詢讓競委會有機會與申請人討論司法管轄及其他問題，以及競委會評估這些問題所需的證據，而競委會更可向申請人提出其他建議，例如作出承諾（commitment），作為解決問題的另一方法。最後要填表格及交費用。法例中的表格 AD 要求的資料包括：

（i）申請人和牽涉該協議或行為的各方資料，包括聯絡方式、主要業務活動、股東資料及營業額等。

（ii）相關協議或行為的詳細資料。

（iii）對那些競爭關注的性質，包括可能損害理論。

（iv）解釋申請人對相關市場的看法，連同市場佔有率的數據、競爭對手的同類數據及競爭狀況的資料。

（v）受影響供應商的資料。

（vi）申請人就申請豁免或豁除條款的具理據解釋，為何申請是符合要求等。

（vii）就同意協議或行為向其他司法管轄區的競爭事務機關所提交的資料陳述（如有）。

申請決定的主要步驟

申請人與競委會進行初步諮詢（如有）

提交決定申請
競委會進行初步評估

| 競委會拒絕考慮決定申請 | 競委會展開對決定申請的考慮 |

發佈決定申請的通知
競委會審核申請和其他各方的申述
進一步搜集資料，與申請人及 / 或其他各方召開會議

在適當情況下，與申請人召開會議，
說明競委會可能作出的決定

在適當情況下，開展進一步市場調查和資料搜集
在適當情況下，就條件 / 限制進行討論（及潛在諮詢）

作出決定

資料來源：競爭事務委員會

9.3.1 競委會決定的效力及後續事宜

當競委會就某協議或行為是否得到豁除或豁免作出決定後，該項決定指明的**業務實體**，將免受根據相關行為守則就該協議或行為被競委會提出訴訟：

（ⅰ）至於是否就決定施加條件或限制，將按個別情況予以考慮。

（ⅱ）競委會相當可能限制決定的有效時限。

（ⅲ）如競委會有理由相信自作出決定以來，情況已有重大改變；或該決定

所基於的資料，在要項上屬不完整、虛假或具誤導性，競委會可取消該決定。

（iv）競委會亦會邀請決定指明的業務實體及其認為相當可能受影響的人士，在通知指定期限內就建議的取消作出申述。有關人士將有最少三十個曆日（自通知發出當日後起計）就建議的取消作出申述。

9.3.2 提高整體經濟效率可豁除

另一方面，無論是據第一行為守則還是第二行為守則，皆沒有硬性規定業務實體必須先行申請，才可以展開商業上的有關活動。現實的情況往往是相反的，即只要業務實體經過研究，肯定有關的商業行為，縱使有違競爭原則，但符合《競爭條例》附表 1 所列條件的協議，均會自動受惠於就有關提高整體經濟效率協議的一般豁除，而毋須競委會任何事前決定。

換一個說法，第一行為守則不會適用於符合附表 1 的特定情況。亦所以，協議的經濟效率的評估會在《競爭條例》附表 1 第 1 條下進行，而非在第一行為守則下進行，所以業務實體的經濟學者及律師，要自行評估涉及協議的有關的經濟行為是否符合可豁除及豁免的情況。

附表 1 授予以下一般豁除（General Exlusion）：

（i）提升整體經濟效率的協議；

（ii）遵守法律規定；

（iii）合併；或

（iv）影響較次的行為。

具體地說，一個協議表面上就算有違競爭，涉案的業務實體或行業可自行評估其行為是否符合附表 1 的要求，並在可能隨時出現的法庭法律程序中以應得到豁除或豁免作為「抗辯」（defence）。附表 1 的作用是提供了評估「抗辯」的框架。

上述一般豁除之中，以提升整體經濟效率的協議一項最為普遍而重要。這項豁除受限於若干累加性條件，必需要滿足所有相關條件，才能將某項協

議排除在第一行為守則的應用範圍之外。

附表 1 的豁除指守則將不適用於符合以下說明的任何協議：這是指協議對改善生產或分銷有貢獻，並同時容讓消費者公平地分享所帶來的利益；或對促進技術或發展有貢獻，並同時容讓消費者公平地分享所帶來的利益。還有更進一步的要求，指不能施加一些限制，就算該些限制對上述目的不可或缺；亦並不令有關的業務實體能消除行業間的競爭。

我們可以歸納為四大條件，在這四大條件符合了的情況下，協議就可獲得法律上的豁除：

第一條件：**協議對改善生產或分銷**，或促進技術或經濟發展有貢獻，同時容讓消費者公平地分享所帶來的利益。

第二條件：協議使**消費者能公平地分享經濟效益**。

第三條件：協議**並不對有關的業務實體施加並非不可或缺的限制**。

第四條件：協議並**不令**有關的業務實體有機會就有關貨品或服務的相當**部分消除競爭**。

有兩個特別的要點。一是競委會會嚴格解釋這些一般的豁除，而希望受惠於此豁除的業務實體將要負起舉證的責任，證明所有適用於此豁除的條件均已滿足，競委會將附表 1 第 1 條視為抗辯理由。二是業務實體還是可以據第 9 條向競委會提出申請，要求作出有關協議是否可獲豁免的批准。

9.3.3 讓消費者受益的協議可豁免

在《競爭條例》中對第一行為守則，即針對有害競爭的協議的守則，有一般性的豁免（general exclusion），這是對可提高整體經濟效率的協議，只要能同時一併滿足四項條件，就可自動得到豁免，不一定需事前申請。第一條件開始，是指協議對改善生產或分銷，或促進技術或經濟發展有貢獻，同時容讓消費者公平地分享所帶來的利益。第二項條件也相近，是能讓消費者公平地分享經濟效率。

處理一項豁免申請時，當先考慮有關的協議對經濟可能帶來的傷害，但

也需同時分析評估這類協議所帶來的經濟效益，以及這些效益在經濟上的重要性，從而平衡相對的傷害。

「經濟效率」（efficiency）是指從改善生產或分銷，或促進技術或經濟發展所帶來的效益（benefits）。競委會認為尋求豁免者必需提供以下證據：

（ⅰ）有關經濟效率在本質上存在，而非取決於協議方的主觀觀點（not subjective view points）；

（ⅱ）有關協議和經濟效率之間有直接的**因果關係**（a direct causal link）；

（ⅲ）經濟效率的可能性和幅度（likelihood and magnitude）：必須可以補償協議對競爭造成的損害；及

（ⅳ）該經濟效率在何時及如何達成（how and when）。一般而言，經濟效率可以是**成本效益**（cost efficiency）、**成本節約**（cost saving）或是**質化效率**（qualitative efficiency）。

成本效益可由多個因素產生，例如新生產技術，整合特定資產亦能帶來協同效應（synergy）。成本效益亦可來自**規模經濟或範疇經濟**（economies of scale or scope）。例如不同產品的生產商可以透過共同承擔分銷成本改善分銷（sharing distribution cost）。

企業之間亦可經協議以達到改善品質、創新產品或改良產品，從而帶來經濟效率的改善；同一情況亦存在於企業間合作研發改良產品或新產品，以帶來科技和技術的進步（technological advances）。

第一個條件指協議對改善生產或分銷，或促進技術或經濟發展有貢獻，具體證據而言，正是更適當的生產或交付周期或生產分銷方法變化所帶來的成本降低，產品品質改善，或產品種類增加。促進技術進步會帶來研發成效的提高，自然亦帶來動態的經濟效率提高。

第二個條件指明要讓消費者公平地分享協議所產生的經濟效率（a fair share of the efficiency）。在這背景下的消費者，是指相關產品所有直接和間接的購買者，包括作為購買者的企業，如原料購買的製造商、零售商等，當然也包括最終消費者。

　　總的來說，尋求以整體經濟效率作豁免理由的業務實體，必須負責提出證據，證明有關協議能令消費者公平分享協議所產生的經濟效果。

　　競委會所指的「**公平分享**」（fair share）概念，指消費者所獲的利益至少可補償相關限制性協議對競爭所帶來的損害，不論是實際或是可能的損害。對消費者的影響最少必須是中性的，着眼的是整個相關市場的整體影響，而非單是個別消費者群的影響。

　　第三條件是協議並不對有關的業務實體施加並非不可或缺的限制。

　　為滿足這項要求，協議方必須證明協議本身及其包含的單個限制，對於達致聲稱的經濟效率是合理必要的。此背景下的決定性因素在於，比起沒有協議或其中限制的情況，限制是否可令相關活動以更高效率完成。第三條件的暗示，是為了達致相關經濟效率，除了透過該限制，應無其他經濟上可行而限制更少的方法。他們還必須證明協議中的單個限制對於達致相關經濟效率也是合理必要的。

虛構示例 ①

　　DrinkCo 是一間佔市場 60% 份額的汽水生產商。最接近的競爭對手佔有 20% 的市場份額。DrinkCo 與佔香港 50% 需求量的顧客達成了供貨協議，顧客承諾將連續七年向 DrinkCo 獨家採購。

　　DrinkCo 聲稱，協議有助其更加準確地預測需求，從而能更好地規劃生產，降低原材料的存放和倉儲成本，並防止供應不足。

　　考慮到 DrinkCo 的市場地位和限制性安排的覆蓋範圍，獨家採購協議不大可能被視為不可或缺。買家需獨家採購的責任超出了為規劃生產及／或聲稱達到的其他經濟效率合理必要的限制。七年的期限亦不大可能是不可或缺的，及／或所產生的經濟效率不大可能補償如此長期獨家採購安排帶來的封鎖效果。

　　資料來源：競爭事務委員會

　　第四條件是要求協議不會令到有關的業務實體有機會就有關貨品或服務的相當部分消除行業間的競爭。

　　協議是否有機會消除行業間的競爭，取決於協議導致競爭減少的程度以及市場的競爭狀態；市場上現有競爭愈薄弱，進一步縮減很少程度的競爭已能消除競爭。在此背景下，協議方需作出更多證明，而非僅僅斷言市場准入障礙低。如果協議有機會消除相關貨品或服務相當部分的有效價格競爭，上述情況尤其明顯。

虛構示例②

　　航空公司 A 和 B 合共佔有目的地 X 與香港之間航線超過 70% 的客運量。公司 A 和公司 B 同意透過代碼共享安排協調其在該航線上的航班時間表及特定票價。雙方達成協議後，該航線的多項收費上漲了 30% 到 50%。同一航線上還有另外三間航空公司經營，其中最大的一間為廉價航空公司，約佔該航線客運量的 15%；另兩間航空公司則為專門服務小眾的經營者。近年來並無新航空公司進入市場，而協議各方的銷售額在加價後亦未見明顯損失。該航線現有競爭者未曾顯著增加航班客運量，亦沒有新公司進入市場。

　　基於協議各方的市場地位及事實上沒有任何針對其協同行為的競爭反應，可合理得出協議各方沒有明顯競爭壓力的結論。在市場競爭薄弱的情況下，有關票價和航班時間表的協議可能令相關業務實體有機會就有關服務的相當部分消除競爭，所以整體經濟效率的豁除不適用於上述情況。

　　資料來源：競爭事務委員會

9.4　申請集體豁免命令的主要步驟

根據《競爭條例》第 15（1）條，當競委會信納某特定類別的協議屬豁除協議，競委會有酌情權發出集體豁免命令。競委會留意到，在擁有與《競爭條列》下集體豁免類似制度的司法管轄區，需時幾年方發出集體豁免命令的情況並非罕見。

根據《條例》第 15（2）條，有兩種情況導致競委會啟動發出集體豁免命令的程序。競委會可：

（a）在沒有收到任何申請的情況下，自行決定啟動程序，以考慮是否發出集體豁免命令（「競委會啟動程序」）；或

（b）應某或某些業務實體或組織的申請決定啟動程序，以考慮是否發出集體豁免命令。

申請人與競委會經初步諮詢，以確定以下事項，尤其可以讓競委會向申請人表明會否考慮該集體豁免申請：

（i）相關類別的協議是否有可能是豁除協議；

（ii）集體豁免申請是否《條例》下的適當程序；

（iii）競委會是否相當可能有足夠的證據考慮是否發出集體豁免命令；及

（iv）考慮是否發出集體豁免命令所需的資源，是否與發出該命令的預期公眾利益相稱。

當競委會考慮是否發出集體豁免命令時（基於競委會啟動程序或集體豁免申請），競委會將會：

（i）對外公佈該競委會啟動程序或集體豁免申請；及

（ii）接觸那些相當可能受集體豁免命令影響的人，縱使不發出集體豁免命令，這決定並非裁斷該集體豁免申請所涉的協議違反第一行為守則。

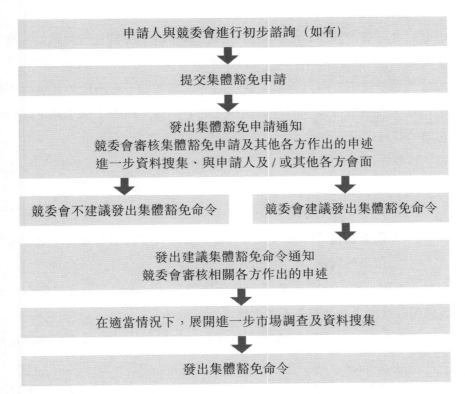

申請集體豁免命令的主要步驟

申請人與競委會進行初步諮詢（如有）

提交集體豁免申請

發出集體豁免申請通知
競委會審核集體豁免申請及其他各方作出的申述
進一步資料搜集、與申請人及／或其他各方會面

競委會不建議發出集體豁免命令　　競委會建議發出集體豁免命令

發出建議集體豁免命令通知
競委會審核相關各方作出的申述

在適當情況下，展開進一步市場調查及資料搜集

發出集體豁免命令

資料來源：競爭事務委員會

後續事宜（Follow Up）

競委會可發出集體豁免命令，但可附加條件或限制。競委會須於集體豁免命令所指明的檢討日期，展開對該命令的檢討，該檢討日期必須在該集體豁免命令生效的五年內。又競委會如認為適當，可以選擇在該集體豁免命令中指明日期之前的任何時間展開對該命令的檢討。在檢討後，競委會可更改或撤銷該集體豁免命令。競委會會接觸相當可能受建議的更改或撤銷影響的人士及考慮其申述。有關人士將有最少三十個曆日（由相關通知首次發出當日後起計）就建議的更改或撤銷作出申述。

9.5　第一行為守則的豁除及豁免（條例第 9 條）

所有符合《競爭條例》附表 1 第 1 條下的協議，均會自動受惠於就有關提高整體經濟效率的協議的一般豁除，而無須競委會的任何事先決定。

根據《競爭條例》附表 1 第 1 條，第一行為守則不會適用於符合以下條件的。因此，協議經濟效率的評估會在《競爭條例》附表 1 第 1 條下進行，而非在第一行為守則下進行。

第一行為守則不會適用於符合以下條件的協議：

「（a）對—

（ⅰ）**改善生產**或**分銷**有貢獻；或

（ⅱ）**促進技術**或**經濟發展**有貢獻，並**同時容讓消費者公平地分享所帶來的利益**；

（b）並不對有關的業務實體施加符合以下說明的限制：該等限制對達致（a）段述明的目的來說，**並非不可或缺**；及

（c）**並不令**有關的業務實體有機會就有關的貨品或服務的相當部分**消除競爭**。」

競委會將《條例》附表 1 第 1 條詮釋為一種「**抗辯**」，可於業務實體面對違反第一行為守則的指控時被有關業務實體援用。

9.6　第二行為守則的豁除及豁免（條例第 24 條）

第二行為守則不適用於被《競爭條例》附表 1 豁除或因其豁除的情況。就此而言，《競爭條例》附表 1 授予以下一般**豁除**：

（ⅰ）**遵守法律**規定；

（ⅱ）令**整體經濟受益**的服務；

（ⅲ）**合併**；或

（ⅳ）**影響較次**的行為。

業務實體想要受惠於某一豁除或豁免，並不需要向競委會作出申請。業務實體可自行評估其行為是否符合第二行為守則的要求，亦可在競爭事務審裁處或其他法庭的法律程序中以豁除或豁免條款作為「**抗辯**」。

儘管如此，《條例》規定，業務實體可根據《條例》第 24 條向競委會提出申請，要求競委會按《條例》第 26 條決定相關行為是否豁除或豁免於第二行為守則。

遵守法律規定：根據在香港實施的成文法則施加的規定或由在香港實施的全國性法律施加的規定，而從事的範圍內。若要此項一般豁除適用，相關法律規定必須消除相關業務實體的所有自主性，迫使它們簽訂相關協議或從事相關行為。若業務實體有一定的空間可以獨立判斷是否簽訂某項協議或從事某種行為，則遵守法律規定的一般豁除將不適用。

令整體經濟受益的服務：競委會將會嚴格解釋此一般豁除，希望受惠於此豁除的業務實體將要負起舉證責任，證明所有適用此豁除的條件均已滿足。

合併：根據《條例》附表 1 第 4（2）條，在任何行為導致《條例》所指的合併的範圍內，或在如從事該行為便會導致合併的範圍內，第二行為守則不適用於該行為。競委會的《第一行為守則指引》為合併的一般豁除提供更多資料，並為競委會就此豁除範圍的詮釋提供指引。

影響較次的行為：根據附表 1 第 6 條，如某業務實體在營業期的營業額不超過港幣 4,000 萬元，第二行為守則不適用於該業務實體從事的行為。就此一般豁除而言，營業額指業務實體的總收入，不論在香港境內或境外得到。更多關於影響較次行為的一般豁除規則，則載於商務及經濟發展局局長根據第 163（2）條訂定的規例中。

公共政策及國際義務豁免：《條例》第 31 條和第 32 條規定了公共政策理由支持的豁免（「**公共政策豁免**」），以及為避免抵觸直接或間接關乎香港的國際義務的豁免（「**國際義務豁免**」）。與《條例》附表 1 中列出的豁除不同，這兩項豁免要求行政長官會同行政會議刊登命令，訂明將某特定協議或行為、或某特定類別的協議或行為從行為守則中豁免。

　　法定團體和指明人士豁除：根據《條例》第 3 條，競爭守則（包括第二行為守則）不適用於法定團體。根據《條例》第 3 條，除非行政長官會同行政會議根據第 5 條訂立規例，令特定法定團體屬於競爭守則的適用範圍內，否則該法定團體豁除於競爭守則的適用範圍之外。但是，第 3 條豁除並不適用於由法定團體擁有或控制的法律實體，除非該等法律實體亦是法定團體。

第十章

合併活動的限制

　　企業合併的活動可增加業務實體的效率，有利消費者，不一定違反競爭。但過度的合併帶來壟斷，所以必須有規管的制度。全世界有超過六十個國家已經有併購控制的制度。國家或超國家競爭監管機構如歐盟歐洲委員會和美國聯邦貿易委員會，早已發展出完整的監管制度；絕大多數現代的併購控制的制度是事前的管理制度，即實現合併前，須由審查機關先開展評估並批准。

10.1　只限監管電訊廣播業

　　幾乎所有的海外競爭法例都會對大機構合併的活動作出規管，以防止壟斷及不公平競爭。有《競爭條例》之前，香港已對電訊業及廣播業有這方面的規管。據法例第 106 章的《電訊條例》第七條，電訊持牌人不得作出局長認為目的是在於防止或大幅限制電訊市場競爭的行為，亦不得作出電訊市場內壟定價格的協議，不得作出防止或限制向競爭者提供貨品或服務的行動，不得作出持牌者之間分享電訊市場的協議。

　　在《競爭條例》的立法過程中，負責草擬草案的競爭政策委員會認為大規模合併活動在本港頗為罕見，而香港開放的經濟體系讓境外公司也可以加入競爭，故此合併活動不會構成影響競爭的情況，因此檢討委員認為新法例不應全面規管合併的活動。條例內收購合併守則的最終適用範圍，只限制電

訊業和廣播業。

　　《競爭條例》之中的「第一行為守則」及「第二行為守則」，早存在於《電訊條例》及《廣播條例》之中；而 2013 年 TVB 被裁定「濫用市場權勢」一案，正是依據《廣播條例》而執法的。電視業的反競爭執法成效不彰，《競爭條例》會否改變這一情況？港人自當拭目而待。

　　另外，據《廣播條例》（法例 562 章）第 13 條，反競爭行為被禁止，持牌人不得從事廣管局認為目的在於防止、扭曲或在相當程度上限制電視節目服務市場競爭的行為，亦不得從事有如此效果的行為。法例第 14 條則禁止電視持牌人濫用支配優勢。這第 13 及 14 條，在 2012 年由第 14 號第 176 條廢除，有關行為的法例管制因《競爭條例》立法，不再有重複的需要。

　　理論上，競委會可以取代現時通訊管理局（「電訊管理局」及「廣播管理局」已於 2012 年合併）的角色；但通訊管理局在自己的行業的規管運作上已有相當經驗及專業知識，《競爭條例》於是作出「共享管轄權」（concurrent jurisdiction）的安排。這是指在執行《競爭條例》時，競委會與另一規管機構共享管轄權，兩個機構皆可執法。在實際的情況下，競委會與通訊管理局擬備及簽署一份諒解備忘錄，訂明大家的工作關係和工作協調程序。

　　在諮詢期間，政府就處理與通訊管理局的關係提供了多項建議，結果包括在《競爭條例》中的附表 7，這為擁有傳送牌照者（carrier licence，是依據《電訊條例》所指的傳送者）定立了這合併的守則。

10.2　合併守則指引

　　合併守則指引由競委會及通訊事務管理局根據《競爭條例》附表 7 第 17 條聯合發出。作為負責執行《條例》的主要競爭事務當局，競委會對在電訊及廣播行業營運的指定業務實體的反競爭行為，與通訊局共享管轄權。指引對競委會之提述，亦適用於通訊局。

　　守則適用於香港或在香港境外進行而會做成合併的安排，或合併在境外

進行，或合併任何一方在香港境外。守則禁止了任何大幅減弱競爭的合併，這是針對出現了具體的效果而言，則企業不能直接或間接進行該項合併。

就《競爭條例》而言，如有以下情況，合併即告發生：

（ⅰ）兩個或多於兩個先前不從屬於他方的業務實體，不再互不從屬於他方；或

（ⅱ）某人或某些人或其他業務實體，取得某一或某些其他業務實體的全部或部分直接或間接的控制；或

（ⅲ）某業務實體（「進行收購實體」）收購另一業務實體（「收購對象實體」）的全部或部分資產（包括商譽），會有取代或在相當程度上取代收購對象實體的結果；或

（ⅳ）在持久的基礎上成立聯營商號，執行自主經濟實體的所有職能，亦構成法例所指的合併。

在斷定競爭是否因為合併而被大幅減弱時，法例訂定了一些必須考慮的原則：

（ⅰ）來自境外的競爭對手的競爭程度；

（ⅱ）被收購的企業是否業務失敗或相當可能在短期內失敗；

（ⅲ）市場可以提供代替品的程度；

（ⅳ）進入市場是否存在障礙，以及障礙的大小；

（ⅴ）合併會否導致某有效及有實力對手的消失；

（ⅵ）市場中的抵銷力量的強弱；及

（ⅶ）市場的改變及創新的性質及程度。

10.3　合併守則的豁除及豁免

這方面與第一及第二行為守則類似，例如如某合併所產生或可能產生的經濟效率，超過減弱在香港的競爭所引致的不利效果，則合併守則不適用於該合併。經濟效率通常分為三類：生產效率、分配效率及動態效率。《條例》

附表 7 指明，聲稱受惠於該豁除的業務實體，須負有證明有關聲稱的舉證責任。另根據附表 7 第 9 條，行政長官會同行政會議如信納有異常特殊和強而有力的公共政策理由，支持豁免某指明的合併（或建議的合併）使其不受合併守則規限，可藉於憲報刊登的命令，豁免該合併（行政長官會同行政會議可附加適當的條件或規限）。合併守則一般不適用於法定團體，除非行政長官會同行政會議規定合併守則適用於指明的法定團體。

　　以下引用幾個國際案例作為參考；此外，在第十三章中亦介紹了「香港電訊收購 CSL」一案。

〔美國煙草案（1911），美案（4），200 頁〕

　　美國煙草公司在已經是當時新興行業香煙生產的領導公司。新公司由五家大煙草公司合併而成，已經形成近乎壟斷式的經營。美國最高法院裁定美國煙草的合併是妨礙了貿易自由的行為，法院下令美國煙草須分拆為四家公司。

〔新澤西標準石油案（1911），美案（3），199 頁〕

　　洛克菲勒在 1860 年代從事石油生意，並在 1870 年與其他夥伴成立了標準石油；新澤西的標準石油幾乎收購了全美的石油副產品公司。政府想以《謝爾曼法》控告標準石油，法院面對的問題是一家公司收購多家公司，是否違反了這法例？法例的原意是否認為企業變得龐大就會對競爭產生限制，從而需加以禁止？法院的裁定迫使標準石油分拆為 34 間獨立的公司，分佈於全國及海外。標準就是我們今天熟悉的艾克森石油（ExxonMobil）、雪佛龍（Chevron）、康菲石油（Conoco Phillips）等公司的前身。

〔三大歐洲電訊公司合併案（2012），歐案（7），186頁〕

　　三大歐洲電訊公司的合併申請：西班牙電訊（Telefonica）、沃達豐（Vodafone）、事事處處（Everything Everywhere, EE）公司。歐盟競委會初步的調查認為有潛在的競爭問題，這是涉及手機付款的服務市場，於是在2012年4月開始了深度調查（in-depth inquiry）。結論卻是三大的聯營並不大可能對市場的競爭構成明顯的障礙，競委會的調查發現不同電子模式付款早已存在，並且新的形式正在出現，合營公司對這市場不大有興趣，亦不可能採取技術拒斥（foreclose）或妨礙（hinder）其他競爭者的發展；競委會最終批准了該合併。

第十一章

《競爭條例》對中小企業的保護

11.1　競爭法並非針對中小企業

顧名思義，《競爭條例》的目的是要促進市場的競爭，法例主要針對兩大類協議，即為概括地禁止反競爭協議及一致行動，以及概括地禁止濫用強大市場力量的行為。這會先經原則性立法，再經競爭事務委員會依各行各業的具體情況，制定具體的行為守則。

很明顯，能經協議壟斷市場，當屬有財有勢的大企業甚而是跨國企業，而各國競爭法例的保護目標，相對而言是中小型企業。中小企業就算企圖訂立一些協議，這些協議在定義上不利市場競爭，但由於小企業佔有的市場份額細小，其協議在事實上是不會構成損害競爭的效果，作用固然不彰，亦非法例與競委會所針對的行為。

在法例的諮詢過程中，有一種歪曲的說法，說法例會被大企業利用作打擊中小企業，中小企業會成為法例的受害者，大企業反而可以避開法例照樣壟斷，這自然是誤導的。

基於何謂中小企業並不容易下定義，而法例的原則亦不容易對中小企業有特殊的豁免，香港政府在法例諮詢文件中曾建議在行政上制定措施，以釋除中小企業的疑慮。建議之一是設立所謂「低額」模式，這是規定委員會在指引中說明，如訂立協議各方的市場佔有率合計不超過某個水平，除非牽涉「嚴重」行為，否則委員會不會追究有關的協議。一個例子是新加坡的指引，

以 20% 市場佔有率為免除的指標；在 1984 年美國法庭有一案例，指 30% 市場佔有率不足以支持裁斷為擁有市場。

另一做法，是建議審裁處如認為某項私人訴訟欠缺理據或無理取鬧，可拒絕審理。如某家中小企業認為對該公司提出私人訴訟欠缺理據，可以要求審裁處不審理。諮詢報告雖然提出建議，但《競爭條例》並未將這一權力清楚寫下（見 143 條審裁處的權力）。

報告曾建議委任具中小企業經驗的人成為競委會的成員，這委員不是代表性質，只能提供顧問意見，作出建議，這對制定守則之時有效。

上述建議皆屬行政性質，即是政府在設立競委會及在競委會制定行為守則之時，政府會以行政措施加以配合。更令人放心的做法，是將這些保護中小企業的原則也寫在條例之內，這會令中小企業更有信心。

11.2　中小企業最易違法的情況

中小企業最容易觸犯競爭法例的行為有哪些地方？據香港競委會印行的小冊子所強調的有如下四方面：
（i）訂定價格（price fixing）
（ii）限制生產（restrict output）
（iii）市場分享（share market）
（iv）圍標（bid-rigging）

其他要小心的還包括分享價格資料（information sharing）、限制競爭的垂直價格協議（vertical agreement）或轉售協議（resale price maintenance）等。基本上就是第一行為守則所針對的行為。

在立法的諮詢過程中，香港政府的宣傳文件一直強調訂立公平競爭法對中小企業有好處。面對中小企業的擔憂，商務及經濟發展局的文件（中小企通常關注的問題）作了詳細解釋。要點簡要如下：
（i）立法的目的是維持競爭，令中小企業可自由地進入市場營商，而由

於中小企業一般缺乏市場力量，其行為不大可能有防止、限制或扭曲市場的效果。

(ii) 外國的經驗，一般不會把規管中小企業營商手法視作重點工作。

(iii) 在資源允許下，競委會或可提供某些合適的顧問服務，以協助中小企業面對在遵循法例要求時可能遇到的挑戰。

(iv) 競委會在最初的處理階段，已會濾除一些性質輕微、瑣碎無聊或是出於惡意的投訴。競委會認為需要跟進，也會先進行非正式查詢，在這前期階段，中小企業一般無須尋求法律意見，如發覺是無理的話，競委會會馬上停止調查。競委會也可以與被投訴公司達成協議和解，避免訴訟。

在澳洲的經驗中，中小企業欠缺加入商會的習慣，對應付監管機構無認識，處於資訊不對稱的弱勢，不知何情況會違法，需要其他解決困難的途徑，多於競爭法律的保護。

理論上競爭法例容許中小企業利用更有效的管理作公平的競爭，新而具創意的經營者能加入行業，淘汰無效率的企業，令消費者有更好的選擇。但中小企業的限制在於地域及市場佔有率皆有限制，貨品及服務種類有限、易受擠壓、資訊不足、法律及專業意見皆不足。中小企業根本不想從法律途徑解決問題，私下和解更為實際。所以問題不一定單是提供公平的競爭環境，而是考慮到中小企業的弱勢而給予特別保護。

澳洲有 200 萬間中小企業，澳洲競爭及消費者委員一年只收到中小企業 3,000 宗投訴，同時亦有來自消費者針對中小企業的 2,000 宗投訴。事件多為合約爭議、消費者保障問題、商業欺詐，以及生產者或供應商拒絕供應等。

有一普遍的假定，當監管者強迫市場開放後，由於大企業財雄勢大競爭力強，中小企業會被擠壓出市場之外。澳洲的經驗並不如是。在 1974－1995 年間，澳洲的競爭法律對個人企業、合夥商號及專業人士是豁免的。1995 年開始法例才引申到所有中小企業，中小企業數目由 93 萬戶增加到 2005 年的 200 萬戶。在全面的監管下，反令到中小企業的數目上升；但中小企業及監管

者活在兩個世界之中,各行其是,政策上有待溝通改善。(資料來源:"SME Regulation: Building Better Policy", Policy Symposium, Massey University, 2012.)

中小企業亦為歐盟經濟的重要支柱,2009 年時歐盟約有 2,300 萬戶中小企業,佔業務實體 99%,當中 57% 為獨資經營的中小企業。中小企業佔去私人機構就業者人數的 65%,提供新增職位的 80% 及佔去歐盟附加價值(added value)一半以上,其重要性不言而喻。

在歐盟的經濟政策之中,有所謂先考慮小企業原則(think small first principle)。歐盟的競爭法律立法原意是保護競爭,而非競爭者。現實是在審視競爭法的教科書時,幾乎找不到與中小企業有關的重要案例。

11.3　條例對中小企業的具體保護

最後,政府修訂了條例草案,加強了對中小企業的直接保護。中小企業就算訂立一些「協議」,但由於小企業佔的市場份額細小,其「協議」在實質上不會有明顯反競爭的效果,因此這亦非法例所針對的行為。因此,根據《法例》附表 1 對「行為守則的一般豁免」,就特別回應了中小企業的憂慮:

(i)第 5 條「影響較次的協議」——如某些「業務實體」在某營業期的總計營業額不超過 2 億元,該等「業務實體」之間訂立的「協議」,可獲豁免。「營業額」(turnover)指「業務實體」的總收入,不論在香港境內或境外得到。但這「豁免」並不包括會影響競爭的「嚴重」行為("hardcore" conduct)「協議」,包括操縱價格、串通投標、分配市場和限制產量等。

(ii)第 6 條「影響較次的行為」——如某「業務實體」在營業期的營業額不超過 4,000 萬元,「第二行為守則」不適用於該「業務實體」從事的行為。

另外,政府在行政上承諾會加以配合,例如會委任中小企業的代表進入競委會。

11.4 消失了的代表訴訟制度

在商務及經濟發展於 2008 年 5 月出版的《競爭法詳細建議——公眾諮詢文件》中的第 40 項建議，正是提議《競爭條例》中應容許引入較直接的代表訴訟制度。情況是如獲競委會轄下的審裁處批准，應容許消費者或代表中小企業的代表訴訟。審裁處只要認為代表組織能公平且充分代表有關方面的利益，即可以批准進行代表訴訟。

這一個明顯有利中小企業而針對大企業的訴訟制度，諮詢文件有詳細介紹其好處及各國的經驗。在其他的司法地區經驗顯示，受反競爭行為影響的消費者與中小企業皆不願自行向法院提出訴訟，他們憂慮個別的訴訟費用太大；容許代表訴訟作為私人訴訟的一環，能令中小企業可在涉及最少時間和金錢的情況下提出訴訟，以保障其權益。

當然，理論上競委會在接受中小企業針對大企業的投訴情況下，可以代為調查起訴；但競委會的訴訟一來不能直接為所有受損害的中小企業爭取賠償，二來正是由於大家對政府或政府所延伸依法成立的獨立機構同樣欠缺信心，恐其受一時的政府政策立場影響，不能公正執行法律。

實行的困難，是批准這類訴訟的審批準則，就連英國的經驗也不易掌握。競爭法的原本建議，是審裁處（級別相等於高等法院）只須認為代表組織能公平且充分代表有關方面的利益，就可以批准有關的私人訴訟（private action），大大降低了門檻，亦令到中小企業可實在地利用競爭法抗衡大財團。但在《競爭條例》內這一項建議無聲無息地取消了，而各方關注立法的持份者亦沒有表示強烈意見。

第十二章

香港近年社會關注
涉嫌違反《競爭條例》事件

我們在介紹過《競爭條例》的重點後，於此再介紹一些近年在香港有比較廣泛報道的相關事例（共 11 項事例），及其與《競爭條例》的關係，給讀者參考。

12.1 《競爭條例》下的郵遞服務

現時的《競爭條例》豁免了所有的政府部門，政府提供的服務大多合乎一般公眾利益的原則，這是應該被豁免於《競爭法》監管架構；但政府的一些服務則是具有重要市場特性的商業活動，例如郵遞中的包裹和速遞服務。如何在《競爭法》監管架構下，提供指引及運作守則，以促進這等現由政府主導的服務能在競爭環境下公平經營，這必須是未來條例修訂的一個重要方向。

法定機構必須監管

事實上，香港的五百多個法定機構有不少都提供與私營市場競爭的服務，例如貿易發展局的會展業務和出版業務、生產力促進局的企業管理顧問業務、醫管局提供給高收入人士的頭等醫療服務等。這些業務在發展之初，

私營市場並未有足夠合乎標準的服務提供者，政府因而要直接參與，並提供不同的直接和間接資助，以鼓勵發展。

但事隔多年，私營企業很可能在這些市場已有迅速發展，如政府仍長期提供資助，或法定機構的不同服務間存在互相補貼情況，這是否構成相關私營企業的不公平競爭？

郵遞服務亦須公平競爭

就以郵遞服務為例，在不同國家中，其競爭模式有很大分別。香港的郵遞服務以「營運基金」（trading fund）模式自 1995 年運作：郵政署職員仍為公務員；郵政署在保證提供高質素的公共郵遞服務外，可以有彈性的拓展其他有關業務，而自負盈虧亦是主要營運目標。郵政署有某些商業服務的營運模式，有沒有「濫用市場優勢」（abuse of dominance），是值得關注的。

在這方面，歐盟在 2007 年通過了「第三項郵遞服務指令」（Third Postal Directive），目標是到 2013 年達至全面開放，而美國亦於 2006 年通過類似的法案。這些經驗都是香港可以借鑑的。

歐盟的完全市場開放（full market opening）政策中，首要是把各項郵遞服務分為兩類。第一類是政府為促進公眾利益，在保證一定的服務標準下，繼續以專利形式提供的公共郵遞服務（universal services obligation），這通常是指一級本地信件。第二類就是其他郵遞服務，例如包裹、速遞、大量信件和宣傳品、雜誌派送等，其他則需要全面向市場開放，並受《競爭法》所監管。

當政府提供的郵遞服務分為兩大類，以實施不同的監管，郵政署相關的經營成本如果也能清楚的分割為該兩類，是最理想的。但政府為提供郵遞服務所建立的龐大基礎設施，其對不同郵遞服務的分別貢獻並不容易確立，其經濟規模和網絡的效益也是非常顯著。因此，要確定郵政署的經營手法是否有濫用市場優勢，是需要詳細的經濟分析。以下引用歐盟兩個有關的案例以作參考。

在 2002 年，西班牙一間經營報紙及雜誌郵遞的公司（Asempre），向歐盟

投訴 Correos（以前是政府的郵遞專營部門）濫用其市場優勢。Correos 的經營手法是：如果一間企業簽約把所有的郵遞服務給予 Correos，則會提供較大的折扣收費。這折扣收費是把專利和開放的郵遞服務都綜合在內，使到參與開放郵遞服務的其他私營企業面對不公平的競爭，不能爭取到大企業的業務。這投訴經調查是成立的。

在第二個案例，瑞典的郵政部門（Sweden Post）在 1996 年向瑞典《競爭法》監管局提出一項申請，要求批准一項四層以地域劃分界的收費政策，它特別會在某些地域對大量郵件收取較低的費用，而這些地域正好是其強勁對手 CityMail 經營的地方。瑞典《競爭法》監管局經過調查後，認為其政策是會構成「濫用市場優勢」，因此否決其申請。但瑞典的郵政部門堅持執行該政策，並增加其他地域的收費，以減少損失。CityMail 再向瑞典《競爭法》監管局投訴；監管局向郵政部門發出禁令及罰款。

但是瑞典郵政部門不肯罷休，再引入一項兩層收費架構，而 CityMail 則再投訴。這個案最後上訴到更高法庭。最後的判決認為瑞典的郵政部門在全國擁有龐大的市場優勢下，有責任不應破壞由幾個較小的本地企業所帶來的實質競爭（否決了四層收費架構）。再者，法庭亦指出大企業是有權利保障其商業利益的（批准了有成本數據支特的兩層收費架構）。

12.2　應否監管貿易發展局的商業經營

香港貿易發展局是香港非常重要的法定機構，於 1966 年成立，多年來對促進香港經濟貿易貢獻非常重大，尤其是對香港中小企業的長期支援；因此，根據香港現有的《競爭條例》，它的業務是全面豁免被監管的。但是，貿發局的成功，其所經營的一些業務，卻不時受到業界的質疑（尤其是貿易展覽和出版業務），認為貿發局是利用納稅人的資助與民爭利，妨礙公平競爭，不利私營企業的發展。

香港會議展覽中心於 1988 年開幕，其業權由貿發局和香港政府共同擁

有，政府則委託貿發局負責會展中心的管理事宜，而貿發局再委託了一間私營公司管理及營運。貿發局在安排貿易展覽的市場佔有率，近年有所下降，約由幾年前的 60%，下降至 45%；而第二位的私營企業則約佔 15%

　　貿發局一方面經營會展業務，同時擁有灣仔的會展中心（部分業務仍由政府擁有），這是垂直的市場結構。在安排會展時間上，或有絕對優先的選擇權；貿發局有超過 90% 的展覽活動都在灣仔會展中心舉行，只有小於 10% 的展覽在另一展覽場地亞洲博覽館舉行。這「優先」的關係，加上貿發局在會展業收費上，可能有補貼中小企業的政策，這是否已構成貿發局違反了競爭法內禁止「濫用支配市場權勢」的條文，對其他業者構成不公平的競爭？

　　有研究曾估計貿易展覽業對香港經濟的貢獻約 2%，近年增長快速；市場上成立了更多新公司，由 2004 年的 11 間，增至 2008 年的 30 間，其中不少是海外企業，這似乎證明市場有足夠開放經營的環境。但一些展覽業者指貿發局壟斷香港展覽市場，並認為局方不應舉辦新的貿易展覽，甚至應該分階段全面撤出這市場，由私營企業經營。長遠來說，政府如何平衡一方面是促進貿發局已建立國際聲譽的優良服務，又如何推動私營展覽業在公平的環境下持續發展？這是非常重要的政策考慮。

12.3　《競爭條例》對「隱蔽性合謀」須嚴厲執法

　　《競爭條例》「第一行為守則」訂明：如某協議（agreement）、經協調做法（concerted practices）或業務實體（undertaking）的決定，是妨礙、限制或扭曲香港的競爭，則任何業務實體，不得從事該經協調做法（第 6 條 1（b））。引入「經協調做法」的概念，是把「隱蔽性合謀」（tacit collusion）都包括在內。

　　在有多年執法經驗的國家中，大企業的「合謀」策略已不斷進化，協議式的「合謀」已逐漸被更複雜的「隱蔽性合謀」所取代。因此，政府有能力監管大企業的「隱蔽性合謀」，是執法重中之重。

　　根據一些學者的分析，他們比較了經濟理論的推論和歐盟競爭委員會對

有關「隱蔽性合謀」個案的裁決理據，認為以下七項因素是會促進「隱蔽性合謀」：高的市場佔有率、高的市場進入限制、相似的生產成本結構、較弱的競爭環境、強大的財政能力、企業間有結構聯繫（structural links）及有垂直聯繫（vertical integration）。

在另一方面，如果買方具有市場力量（buyer power）及企業間的市場佔有率會有重大波動（volatile market power），經濟理論和裁決理據則認為該兩項因素是會妨礙實施「隱蔽性合謀」。針對大企業「隱蔽性合謀」的調查，除了依賴經濟分析外，有效的執法行動亦非常重要。這裏介紹兩個歐盟的案例作參考，大家會覺得它們所反映的情況，在香港很可能也是存在的，社會必須關注。

案例一

在捷克，其「保護競爭辦事處」（Office of Protection of Competition）於 2004 年裁決了六間提供汽油站服務的油公司，在 2001 年 5 月至 11 月期間，曾以「經協調做法」的「隱蔽性合謀」，共同決定汽油零售價。經調查的事實是：在 2001 年 5 月底，在 36 小時內，六間油公司在其全國所有油站一齊加價，加幅亦大致相同；與此同時，國際油價其實自 5 月中已開始持續下降，但汽油零售價則一直維持在該高水平。

捷克的「競爭辦事處」認為有足夠的合理懷疑，六間油公司參與了「隱蔽性合謀」定價，於是採取了一項拂曉的突擊搜查行動，結果在各油公司總部高層人員的電腦中，找到確定曾有「合謀加價」的電子郵件；最終六大油公司被判罰款。

案例二

在歐盟的塞浦路斯，其競爭委員會在接到很多民眾的投訴後，主動對銀行的各項收費（banking charges）進行調查：銀行間是否有「合謀定價」？競爭委員會採取了突擊搜查行動，收集了一些文件、會議記錄和數據；調查最終集中在市場佔有率最大的三間銀行。競爭委員會經過研究後，認為有多項收費涉及協調行為，而該三間銀行亦曾多次舉行會議。三間銀行辯解由於塞浦路斯的銀行業正在開放中，會議的目的是避免「價格戰」（price war）以穩定市場，而並非「合謀定價」。競爭委員會認為辯解並不成立，三大銀行在 2005 年被裁決罰款。就這案例，一些專家認為應該對銀行的論據作更深入的研究。

在《競爭法》下，政府要成功證明一些大企業間存在「隱蔽性合謀」，是很大的挑戰；這決定於競爭委員會的調查和研究能力，以及執法的決心，這是須要時間積累的。

12.4　汽油市場是否被合謀操控

根據消費者委員會在 2016 年 6 月發表有關對汽油價格變動的報告，發現汽油的售價在油價大幅回落的趨勢下，汽油的零售價出現減價的幅度相對較少的情況，結果是汽油零售價與進口價的差距不斷擴大。如果汽油公司的經營成本沒有相對的上升，這意味着汽油公司的整體盈利不斷上升，影響消費者利益。消委會發現汽油零售價和進口價每公升的差距，由 2013 年上半年的 4.36 元增加至 2015 年等四季的 4.96 元，上升 13.8%。

再者，根據統計處的資料，汽油零售業的毛盈餘（gross surplus）在 2013年及 2014 年分別上升了 60% 及 35%，其經營支出則分別下降 16% 及 3%；估計市場對汽油的需求近年每年平均上升約 4%。雖然汽油公司均強調長期提供折扣給消費者，但各種不同類型和變化多端的折扣安排，消費者並不容易完全享用有關的折扣優惠。

汽油市場現共有五間公司在經營，最大三間的市場佔有率已由 1988 年的93%，下降至今的 73%；但公眾仍有很大的懷疑，汽油公司之間是否有合謀定價。據悉競委會對汽油市場正進行一項研究，我們拭目以待。

12.5 「圍標」違反競爭法

圍標一般的理解是串通招標，從中獲利。投標者一同抬高或壓低投標報價進行投標，用種種手段或協作排擠其他競爭者。如何有效打擊這種行為並不容易，圍標的新聞日漸增多，皆是與多層大廈舊樓的維修工程有關，當中涉及貪污的指控不絕，但真正立案調查成功的絕無僅有。

這與法律上要定義犯法並不容易有關。廉政公署可據《防止賄賂條例》以賄賂者未經主事人（一眾小業主）的同意收受非法回佣進行調查，那涉及工程公司及業主立案法團的負責人，由於收受皆悅，取證之困難可想而知。另一有權力對圍標進行調查的是按《競爭條例》下授權成立的競委會，而據報道亦開始有苦主向競委會投訴。圍標（bid-rigging）是違反了法例下的第一行為守則，其定義為：圍標涉及兩個或以上業務實體同意不就特定競投項目互相競爭，反而它們事先決定由哪位競投者勝出，這是在競爭過程中的「作弊」。

業務實體之間可能同意某些成員不去參與競投或撤回已提交的標書，這稱為「抑制投標」（bid-suppression）；另一形式是「輪流中標」（bid-notation）。亦有情況是其他競投者提交給中標標書更高的叫價或吸引力稍遜的條款，所謂「掩護式投標」（cover-bidding）。最普通的還有在競投過程中減少競爭張力

的措施，例如透過協議最高或最低叫價，甚而由中標者向其他競投者發還競投成本，並瓜分利益。競委會就住宅樓宇維修市場曾進行研究，並於 2016 年 5 月公佈了有關結果，確認近年香港樓宇維修市場存在操縱投標行為。

　　法例的定義是清楚的，但事例不多；法例是覆蓋各類樓宇的圍標事件的；但最大的問題是《競爭條例》之中並無刑事責任的安排，圍標事件就算被查出，競委會只能罰款。圍標可能涉及違反不同的法例，競委會與廉政公署及警方會進行緊密合作，協調配合，以打擊圍標行為。

　　在 2016 年 10 月宣判的沙田翠湖花園 2.6 億元天價維修工程圍標貪污案，應對圍標有阻嚇作用。有關維修商在 2015 年在區域法院承認協助圍標集團充當中間人，向業主代表等人行賄，賄款逾 4,500 萬元。法官判被告人入獄 35 個月，並向業主歸還賄款。

12.6 「規定零售價」影響消費者利益

　　在 2011 年底有傳媒高調報道可樂、出前一丁及電器產品的零售市場銷售情況，可能違反當時在立法會審議的競爭條例草案，大大使市民耳目一新。據悉可樂和出前一丁的供應商，提供了「建議零售價」給零售商參考，並明示或暗示如果不按照該價格出售，會停止供應有關商品。這類的合約和分銷行為，是各國《競爭法》執行時所監管的一種市場行為，稱為「規定零售價」（resale price maintenance）。有些國家例如澳洲，在其競爭條例中，明確禁止「規定零售價」的行為（澳洲 s48 of Trade Practices Act）。「合謀定價」是一項「橫向」的定價行為，而「規定零售價」則是一項「縱向」的定價行為，兩者皆嚴重影響消費者利益。

多國都有豁免

　　就「規定零售價」的市場行為，一些國家會按各行業的實際行為和需要，制定集體豁免。以圖書為例，美國圖書實行向由市場定價機制，出版商不得

在圖書上印上零售價格，圖書的零售價格由各零售商自行決定；而德國、法國、中國、日本等國家，圖書定價則實行「規定零售價」安排，即上游出版商決定了圖書的最終零售價。在這些國家，圖書這市場的「規定零售價」行為是正式獲得豁免的，但這政策近年不斷受到質疑。「規定零售價」的市場行為，在香港《競爭條例》實施前很可能是非常普遍，報紙雜誌、教科書、名牌電子產品等都是顯而易見。

根據香港《競爭條例》的附件 1，如果一些協議是可以提升整體經濟效率，亦不嚴重削弱該市場的競爭，競爭委員會也是可以給予豁免的。根據經濟學理論，垂直的「規定零售價」協議，亦可以促進生產和分銷效率，減低交易費用，減少「搭順風車」（free rider）的問題，故此有論據認為不應完全或隨意被禁止。

涉及「第一」及「第二」行為守則

在香港現有的條例中，究竟哪些條文是可以監管和制約「規定零售價」這類的市場行為？這裏是涉及兩個層次，第一是供應商是否濫用了市場優勢，因而違反了「第二行為守則」？如競爭委員會要證明可樂和出前一丁的供應商是擁有市場優勢，就一定要計算可樂在香港整個飲品市場，以及出前一丁佔香港整個即食食品市場的分別市場份額。由於香港的《競爭條例》對市場優勢的比例並沒有清楚訂明，本人認為這分界線起碼應訂定在百分之三十才算合理。如果兩供應商所佔的市場份額偏低，就沒有理據指控他們有濫用優勢。

供應商與零售商所簽訂的業務協議和條款，是自由的買賣合約，就算供應商有市場優勢，怎樣才能證明供應商有違法行為？這裏涉及了要在合約（包括口頭協議）中訂明兩項重要條款：

1. 供應商訂定一特定的零售價格（a price specified by a supplier）；

2. 讓零售商知道（making it known）如不遵守特定價格，則停止供貨（withholding supply）。

如果特定價格只作為參考之用，供應商並不會執行懲罰性的停止供貨，問題就不大。就算被競委會裁定違法，這類的「垂直協議」是會被定為較輕微的行為，競委會通常是會發警告信給供應商和要求停止反競爭行為。

多方重新博弈

根據後續的報道，深水埗家農雜貨已獲出前一丁供應商繼續供貨，它亦恢復每包賣三元的訂價。此外，阿信屋在 2011 年 10 月被可樂供應商要求加價後，已決定不向太古取貨，改為銷售由日本進口的可樂，亦計劃再擴充分店以增加銷售額。當香港的《競爭條例》草案仍在討論過程中（2012－2014年），社會內的有關持份者已重新博弈。傳媒亦扮演重要角色，率先披露長期存在的涉嫌反競爭行為：

（ i ）受打擊的小商戶，願意站出來指證反競爭的商業行為，同時亦能為公司爭取到難得的宣傳機會，一些較輕微的反競爭行為已逐漸收斂中；

（ii）公道自在人心，市民作為消費者，亦作出正面的回應；

（iii）消費者委員會、一些非政府組織和智庫、關心的專欄作家和學者，都努力為《競爭條例》打氣；和

（iv）各大商會，並透過其在立法會的支持者，則全力要求修訂條例中不合理和不明確的地方。

再者，當《競爭條例》在 2015 年底正式執行前，香港很多電子產品零售商出現減價的情況（包括手提電話、相機等），這很可能是供應商取消了一直存在涉嫌違法的「規定零售價」行為。據報道，這減價行動由較大的零售店集團所引發，即時受到其他較小的零售店和一些社會人士的批評，認為這是不公平的競爭。要證明減價是違反「第二行為守則」，舉證的門檻非常高，競委會就有關事件似乎亦沒有跟進。

12.7 《競爭條例》對僱主聯會加薪建議的制約

香港僱主聯合會每年接近年底都發表下年企業薪酬調整建議，例如向企業調查的結果是平均加薪幅度為 3%；其每年高姿態公佈薪酬調整建議的行為，很可能是違法的。

以歐盟所有相關的重要案例，行業商會和專業團體是符合 Associations of Undertakings 的定義，是受到《競爭法》監管的。香港的僱主會應該也符合這定義。估計僱主會如希望能擺脫《競爭法》的監管，是極不容易的。

僱主聯合會這公佈，其意圖（intention）是什麼？是希望達到什麼效果（effect）？筆者認為這可能是一個經過聯合會內大企業或其代表討論，經協調後訂立的明年加薪幅度；目的很可能是藉此減少企業間對僱員以加薪作為競爭手段。再進一步，僱主會必須就此薪酬調整的建議，作最廣泛的宣傳，以爭取最大的影響。如果這真是僱主會行動的意圖和期望的效果，這明顯是違反《競爭條例》的「第一行為守則」的反競爭行為，是會妨礙及扭曲香港勞工市場的競爭，必須禁止。當然，「意圖」是很難證明的，除非競委會在派員調查時，能搜獲有關會議的錄音；但是，裁決也是可以依據相關事實作推斷，從客觀「效果」作判決的。

就歐盟在 2001 年裁決的一個案例，KNMVD（是挪威的獸醫專業公會）在其專業守則（code of conduct）中，訂明會員不可進行「不合法」的競爭（"unlawful" competition），而「不合法」則是指低於成本的收費。KNMVD 辯解這守則並非有約束性（non-binding regulations），因此並沒有違反《競爭法》。但根據歐盟的另一些案例，這些決定或守則無論是有或沒有約束性，都是反映了 KNMVD 希望協調其會員行為，意圖限制會員以較低收費作為競爭手段。最後，KNMVD 被判罰款。

香港僱主聯合會公佈薪酬調查結果及調整建議，仍可能涉及兩個反競爭行為的概念。一是「價格訊息溝通的安排」（price information exchange arrangements），僱主會內的大企業很可能都就薪酬調整的安排，透過調查和

在會內進行訊息溝通；這是「合謀定價」的一種形式，是反競爭行為。另一方面，僱主會的薪酬調整公佈，是蓄意發放價格訊號（price signalling）的行為，目的是擴大影響，這也是反競爭行為。

現時的《競爭條例》，在在都會影響到一些商會和專業團體的運作。有關團體應及早徵詢法律意見，安排適當的調整。政府方面，亦應及早向工商界提供正確的訊息和詳細指引，協助其調整。

12.8　香港航運協議申請「集體豁免」

香港定期班輪協會（Hong Kong Liners Shipping Association）於 2015 年底根據《競爭條例》第 15 條，向競委會申請「集體豁免」其兩類協議；競委會在 2016 年初進行公眾諮詢，在 2016 年 9 月作出初步決定；在 2017 年 3 月時，最終決定的考慮仍在進行中。

該協會是由經營香港貨櫃運輸業的貨櫃輪船公司組成的行業性商會，其會員間簽訂的兩大類協議為：（i）「自願性資料交流協議」（voluntary discussion agreements），和（ii）「船隻運力分享協議」（vessel sharing agreements）；這類橫向的協議，是受到剛執行的《競爭條例》所監管的。

協會這兩大類協議有可能違反《競爭條例》的「第一行為守則」及「第二行為守則」；香港《競爭條例》的主要立法目標是促進市場競爭、提升經濟效益和保障消費者權益。因此，競委會依據《競爭條例》審核有關「集體豁免」申請時，是會根據《競爭條例》第 30 條訂明在附表 1 的「豁除」條件進行研究，其條件訂明了三項內容：

（i）有關協議可改善生產或對分銷有貢獻，並同時容讓消費者公平地分享所帶來的利益；或

（ii）有關協議可促進技術或對經濟發展有貢獻，並同時容讓消費者公平地分享所帶來的利益；及

（iii）有關協議並不令有關的業務實體有機會消除該市場相當部分的

競爭。

就此，除非競委會經過調查研究後能確立，或香港定期班輪協會能提供足夠的資料，能使競委會信納以上三項條件獲得滿足，否則「集體豁免」是不應該被批准的。競委會就該協會的申請所進行的公眾諮詢，並沒有提供涉及兩類協議較具體的資料，外界是無從作出深入的評論。香港的《競爭條例》主要是以歐盟的法例為藍本，筆者現提供一個歐盟案例作為參考，我們應該特別關注其經濟分析架構。

歐洲跨大西洋航運協會的成立

在 1994 年，數間歐洲及美國貨櫃海運物流公司建立了跨大西洋航運協會（Transatlantic Conference Agreement 或 TACA），會員間簽訂了數項協議，包括共用貨運船舶、分享行業資訊等，協會強調這些協議能改善會員的競爭力及經營效率。在 1996 年，其會員數目增加至十七間航運公司。

跨大西洋航運協會成立後不久，在 1994 年 7 月即向歐盟競爭委員會申請對其各項協議的「豁免」，但最終被拒絕。根據歐盟競委會的分析，跨大西洋航運協會曾經濫用其聯合的市場優勢地位以壓制競爭，這是競爭條例所不容許的，其主要反競爭行為包括：

（ i ）協會固定了所有會員經營北歐和美國之間海運服務的收費價格；

（ ii ）協會固定了會員在歐盟內陸運輸服務的收費價格；

（ iii ）協會控制了會員與貨主服務合約的內容；及

（ iv ）協會固定了會員涉及轉運服務的最高賠償額。

根據歐洲法院的判決，TACA 曾經濫用其聯合的市場優勢地位。首先，TACA 原本禁止個別成員與消費者之間訂定個人服務協議；後期 TACA 雖然允許個人服務協議，但卻有嚴格的限制和規定，這種行為實際上禁止了服務質素的競爭。再者，TACA 更固定了成員的海運服務收費；在 1993－1995 年間，TACA 收費增加高達 80%。歐盟競委會表示有足夠證據顯示 TACA 濫用其市場優勢，消除行內價格和服務質素的競爭，其會員最終被判罰款 2.73 億

歐元。

TACA 上訴與競委會回應

由於 TACA 對歐盟競委會的判決及 2.73 億歐元的罰款不滿，於是向歐洲法院申請上訴。TACA 的上訴中不單對歐盟競委會的判決有所質疑，更認為競委會所計算其市場佔有率是大大偏高的。為了判斷 TACA 在貨運中的市場地位，競委會必須理解 TACA 所經營的相應市場（relevant market）；原本判決提及的相應市場為：「……TACA 的服務是屬於提供歐洲北部港口和美國及加拿大港口之間的海上運輸服務的市場……」。

TACA 上訴中認為競委會錯誤地限制了相關市場的定義，其相關市場不應該只限於在歐洲北部港口，也應該包括在歐洲南部及地中海的港口。其次，TACA 還表示，確定相關市場時只考慮「單向替代」從散貨運輸（非集裝箱）轉為集裝箱裝運的決定並不合理。最後，TACA 指出，歐洲競委會也沒有考慮其他競爭，如空運的業務。

歐盟競委會對 TACA 上訴的重點回應如下：

（i）在包括歐洲南部和地中海的港口作為相關市場的論據，該委員會進行了一項研究，了解歐洲北部和南部港口之間是否有效的替代性。最終，研究發現歐洲南部和地中海港口運貨到加拿大和美國的貨運量極少，不足以對 TACA 構成競爭。

（ii）關於「單向替代」的問題，委員會就進行散貨運輸和集裝箱式運輸的替代研究。這項研究發現，當消費者從散貨運輸轉到貨櫃航運後，該消費者都不願意恢復使用散貨運輸；這證明委員會對 TACA 市場分析中的「單向替代」是一個合理的論點。

（iii）TACA 也提到委員會指出的相關市場中沒有包括所有 TACA 面對的競爭。對於空運公司，競委會發現空運收費比 TACA 貨運公司收取的高，消費者或顧客改用空運替代海上貨運的可能性很低。

競爭委員會估計 TACA 成員的總市場份額佔相關市場 60% 左右。TACA

認為，委員會只考慮 TACA 的集體市場份額，並沒有考慮到獨立公司對 TACA 威脅。然而，委員會稱儘管考慮到獨立的競爭對手，TACA 的市場份額仍超過 50%，TACA 依然具有市場主導地位。

TACA 上訴的最後一個論點指出，其成員中存在內部競爭；但委員會指出，成員之間的內部競爭是無關的，對確定 TACA 的集體市場力量沒有影響。再者，競委會認為，其他獨立的航運公司都是使用 TACA 的收費定價作為其收費的基礎。委員會也發現，TACA 成員能夠增加運送每 20 呎標準貨櫃箱（TEU）的平均收入，而在市場份額上並不會因此蒙受損失；這是足夠的證據，TACA 成員在市場上具有主導地位。

最終，TACA 的上訴被判失敗，其後有多名成員退出協會。在 1999 年 5 月，TACA 經與競委會討論後，制定了修訂的協議：限制了可交換的敏感商業信息、禁止涉及在收費上的協議、允許應付市場的短期需求波動的安排；修訂後的協議終在 2003 年獲得「豁免」。

歐盟案例對香港的啟示

競爭條例是一項經濟立法，而考慮「集體豁免」的條件，包括：(i) 對生產和分銷的貢獻、(ii) 對技術和經濟發展的貢獻、(iii) 與消費者公平分享利益和 (iv) 沒有消除相當部分的競爭；這些都主要是經濟學的概念，需要在數據上的嚴謹分析，香港的競爭委員會一定要做好把關的工作。

從以上介紹歐盟的案例，我們認為競委會在研究協會有關申請時，必須回答以下的問題：

（i）香港的貨櫃航運業的市場結構是怎樣的？競爭狀況為何？

（ii）協會有關協議的具體內容是什麼？這與其他地方的相關協議有什麼分別？

（iii）協會營運的相關市場為何？有沒有替代服務？協會成員的集體市場佔有率是多少？

（iv）就其有關資料交流協議，有沒有合謀定價和限制市場競爭的後果？

（v）就其有關運力分享協議，在一定條件下，多國都批准「豁免」；有關
論據和效果是什麼？

（vi）協議的經濟效益是多少？這效益如何公平地與消費者分享？

（vii）當航運業經歷需求波動時（例如香港近期的外貿不景），協會成員
的收費有沒有作出適當的調整？

（viii）協會有沒有向非成員的航運公司施壓？協會與非成員的航運公司有
沒有進行隱蔽式的串謀？

（ix）就香港的貨櫃航運業相關的前端及後端行業，協會在進行業務安排
時，有沒有濫用其市場優勢力量？

經濟理論和分析，並不能提供完滿的答案；但加上各國近年的案例，一
些國家的新指引和經驗，定可提供足夠的決策依據。我們對香港競委會的考
慮和決定，抱有極高的期望。

12.9　香港評估「市場力量」的例子

「市場力量」（或「市場權勢」）在「第二行為守則」的執法中是一個最關
鍵的概念；其所指是一間企業在某一個市場內（提供特定的商品或服務），是
否有獨立的能力（不受其他同行競爭者或其他市場因素的影響）去決定商品的
價格和合約及服務條件，這最終可增加該企業的利益；而其供應商及消費者則
處於較弱的談判位置，因而要接受有關的價格和合約及服務條件。如果一間擁
有「市場力量」的企業曾「濫用市場權勢」，就會影響該市場的競爭，這就違
反「第二行為守則」。相反的，如果一間涉案的企業證明並沒有「市場力量」，
它就不可能違反「第二行為守則」；再者，如果一間企業只是擁有「市場力量」，
但並沒有「濫用」該「市場力量」，這亦沒有違反「第二行為守則」的。

再者，「相關市場」的定義也是執行競爭政策的關鍵概念，而這些經濟分
析則主要建基在古典經濟學者提出的「市場結構」的論述上：市場的範圍不
只限於物品進行交易的實質場所，亦包括了所有個人和企業進行相關物品買

賣和交易活動的全體領域。所以不少學者都同意，只要能決定何謂「相關市場」，許多「反壟斷」和「濫用市場力量」案件的結果，已顯而易見。「相關市場」的定義在具體執法時是非常複雜，需要以實際驗證確立以下三大經濟概念：

（i）「相關產品需求市場」的定義：相關產品間的需求替代性（例如在研究鮮牛肉市場是否被壟斷時，就要研究鮮牛肉、冰鮮牛肉、鮮豬肉、冰鮮豬肉等之間對消費者的選擇是否有替代性的）；

（ii）「相關產品供應市場」的定義：不同供應者代替性（例如在研究大型超市是否壟斷售賣某牌子的飲品時，就要研究其他小型超市、雜貨店、便利店等供應者的競爭狀況）；和

（iii）「相關地理市場」的定義：區域間交易的障礙、時間、潛在競爭及產品差異化等。

「相關市場」是指在一特定的地域環境內，一系列包括所有合理地可替代的商品，及所有在合理範圍內的其他競爭供應商；當其中涉及被研究商品的價格面對「小幅但顯著而持久的價格上升」（5%－10%）時，消費者是可以在其他可替代商品中和該地域環境內的其他競爭供應商中作出選擇。

這方面的經濟理論和應用在「競爭法」的技術步驟非常複雜，如何準確評估消費者對價格變動的反應其實並不容易，而「相關市場」的評估就只能是一個「大約」的概念。而該企業的「市場佔有率」，就會以此「相關市場」的定義作為計算的基礎。這「相關市場」的研判架構，可一併應用於「橫向合併」、其他「反壟斷」和「濫用市場力量」案件上；而美國和歐盟的執法依據也大致相同。

因此，擁有「市場力量」是違反「第二行為守則」的先決條件；競委會在調查可能違反「第二行為守則」個案所涉及的企業時，必須回答以下兩個問題：

（i）企業經營的市場是什麼？如何界定其「相關市場」？

（ii）如何評估和計算某一涉案企業是否擁有「市場力量」？

在這裏，我們會直接引用香港兩個近期有關的個案研究報告：「通訊管理局」有關電視廣播有限公司（無線電視）「壟斷藝人」案（2013 年 9 月）及消費者委員會有關「兩大超市」可能欺壓供應商事件（2013 年 12 月）作參考（TVB 案件請參考通訊事務管理局評估報告〔CA 01/2013〕；超市事件請參考消費者委員會雜貨市場研究——查考超市市場權勢情況，2013 年 12 月 19 日）。

「通訊管理局」有關「無線電視」（TVB）「壟斷藝人」案

「亞洲電視」在 2009 年向「通訊管理局」投訴「無線電視」濫用市場優勢，通訊局在 2013 年 9 月公佈調查結果及作出裁決。

在有關「無線電視」個案報告中，當研究「無線電視」在家庭和個人影音娛樂市場時，調查就界定這包括了兩個市場：電視觀眾及廣告商，這是兩群互相聯繫的消費者，電視台的節目收視愈高，對廣告商便愈有吸引力。

為了界定電視觀眾的市場範圍，「合理替代品」是必須首先研究的因素。在需求方面，通訊局需了解電視觀眾是否考慮其他影音娛樂，例如戲院、數碼影像光碟、互聯網內容，以及按次收費節目作為電視節目的「合理替代品」。通訊局經詳細研究後的結論是：電視觀眾並沒有把它們任何一項視為「合理替代品」，因而不應包括於「相關市場」內。由於缺乏與電視觀眾市場有關的價格數據，一般在這類反壟斷研究所採用的 SSNIP 測試（參閱本書第 8.2 節），並沒有執行。

總結而言，通訊局認為免費電視與收費電視是彼此的替代品，因而應屬於同一電視收看服務市場。

衡量市場力量的首項考慮因素是「市場佔有率」，包括「市場佔有率」隨時間的變化。雖然「市場佔有率」高的公司不一定擁有市場支配優勢，但市場佔有率低的公司，一般也不大可能擁有市場支配優勢。

通訊局《援引指南》把「市場佔有率」的界限點設於 50%。如持牌人的「市場佔有率」高於 50%，通訊局在沒有相反證據支持的情況下，會假定該持牌

人擁有市場支配優勢。《援引指南》亦指出，在沒有相反證據支持的情況下，如持牌人的「市場佔有率」低於 40%，該持牌人則難以獨大。相反證據可包括競爭對手處於非常弱勢、新競爭者進入市場障礙重重（這些都是供應方面的因素），以及個別觀眾的制衡力量有限。即使有公司的「市場佔有率」低於 40%，這些證據仍可確立是擁有市場支配優勢。

在 2010 年，「無線電視」以收視率計算，佔整體電視收看服務市場 66%；更重要的是，「無線電視」的高「市場佔有率」持續多年，在 2006－2010 期間，其「市場佔有率」均高於 60%。因此根據《援引指南》，通訊局可假定「無線電視」擁有市場支配優勢。

計算「市場佔有率」，數據可來自多方面，這包括統計處每年有關不同產業的調查資料、各電視台經常性匯報給通訊局的資料、通訊局在調查個別個案中要求電視台提供的資料、「管理局」委託的獨立調查報告（例如觀眾數目、用戶數目及收視率等）、市場和學術研究等。

就電視廣告的市場範圍，「合理替代品」亦是必須首先研究的因素。香港的廣告市場包括電視、報章、雜誌、電台、互動媒體、港鐵、巴士車身及其他媒體等。通訊局經詳細研究後的結論是：電視廣告的特點是有別於其他形式的廣告，供應替代的範圍非常有限；其他的市場因素，包括進入市場的障礙、進入市場的高沉沒成本、觀眾對品牌的忠誠度等，對「無線電視」都非常有利。因此通訊局認為「無線電視」經營的廣告「相關市場」，就是香港的整體電視廣告市場。

在這定義下，「無線電視」在香港的整體電視廣告市場中，於 2006－2009 年持續佔有 56%－59%；因此根據《援引指南》，通訊局亦可假定「無線電視」擁有市場支配優勢。在確立「無線電視」擁有市場支配優勢後（無論是在電視觀眾或電視廣告方面都超過 50%），通訊局就進一步啟動對其涉嫌違反「第二行為守則」行為的調查。

消費者委員會調查「兩大超市」欺壓供應商事件

消費者委員會近年接獲多宗涉及「兩大超市」涉嫌「濫用市場權勢」（對供應商、競爭者和消費者）的投訴，政府委託其進行一項有關的研究。消費者委員會於 2013 年 12 月公佈「雜貨市場研究——查考超市市場權勢情況」的報告，這研究其中兩大重點為：

（ⅰ）評估在香港相關市場上有否存在擁有市場權勢的企業；及

（ⅱ）推尋是否有表面證據支持相關的反競爭行為之指控。

由於消費者委員會並不是相關法例的執法機構，這研究的結果只算是資料搜集，以及嘗試依據《競爭條例》的嚴謹架構作出研究及建議。這研究首先面對的問題就如以上的「無線電視」案例一樣，是如何定義「相關市場」。

「兩大超市」售賣以百計的多類貨品，如何定義其「相關市場」至為複雜。再以此定義出誰是其競爭者，進一步才能計算其「市場佔有率」。要評估市場競爭的情況，第一步必須確定在該市場內，誰是相關的競爭對手。要鑑別哪些商戶屬同一市場上的競爭對手，關鍵在於衡量消費者在何種程度，視不同供應方面的競爭者為有效的相互替代者。當因為日常光顧的商店加價、貨品選擇減少或服務質素下降，消費者轉而光顧另一間提供同類貨品的商店，該兩間商店可被視為同一市場上的競爭對手。

消費者委員會從研究和商場外的問卷調查所得的資料，顯示在雜貨市場內，消費者有兩種日常家庭購物的模式：(ⅰ)「一站式購物」，及 (ⅱ)「次要購物」。提供「一站式購物」的超市供應齊全的食品和日用品，為消費者提供便利。消費者委員會進一步分析，以「一站式購物」的概念應用於所有雜貨市場是否恰當，最終分析的結論是採取「兩個相關市場」的方案（該研究認為消費者在便利店的購物模式和動機與在超市購物的模式有不同，故不包括在內）最為合適：

（ⅰ）供應新鮮食品和預先包裝食品的超市和街市，可被歸類為同一個零售市場；及

（ii）供應家居日常用品及必需品的超市、個人護理連鎖店和藥房，可被歸類為另一個零售市場。

根據以上的「相關市場」定義，研究報告計算出：

（i）在食品零售市場「市佔率」方面，「百佳」和「惠康」分別佔 28.6% 及 33.9%；及

（ii）在家居用品零售市場「市佔率」方面，「百佳」（加上同集團的「屈臣氏」）和「惠康」（加上同集團的「萬寧」）分別佔 23.0% 及 35.9%；其獨立的「市佔率」分別只是 11.8% 及 14.1%。

報告中引用商務及經濟發展局局長蘇錦樑的論述：若市佔率逾 40% 可視為具市場支配力量，25% 可視為沒有，介乎兩者則須視乎具體情況。就此，消費者委員會在報告中的總結如下：以食品零售市場的集中度而言，競爭程度可假設為中度。基於「兩大超市」的「市佔率」分別在 25% 至 40% 之間，是否存在「相當程度市場權勢」應密切監察。在家居日常用品市場方面，沒有證據顯示「兩大超市」擁有「相當程度市場權勢」，除非把「屈臣氏」和「萬寧」的「市佔率」也分別計算在內。

12.10　《競爭條例》可如何監管「領匯」

「領匯」在 2010 年底拒絕與一間在良景邨商場經營十八年的超市續租，理由是「領匯」聲稱在進行「資產提升」後，商場已沒有適當的舖位可租給該超市。一批年青人組織了抗議行動，強調「領匯」只引進大財團，例如惠康、百佳、美心和麥當勞等，對小商戶和小市民都非常不利。

「領匯」自上市後，以商業原則經營公屋屋邨約一百八十個商場和停車場設施，重整租戶的結構，並大幅加租。這經營手法是否涉及對中小型商戶採取欺壓性的商業手段？大幅加租亦是否已影響居民利益？這是大家非常關注的。「領匯」近期更出售部分商場和外判管理，市民更為擔憂。

在研究《競爭條例》下是否可以監管「領匯」的業務手法時，必須分析

以下的問題：

（i）「領匯」業務的「市場」應如何定義？「領匯」對其市場有沒有支配性的力量？

（ii）「領匯」在近年的經營中，是否與零售業的一些大財團有明確的「協議」（agreement），目的是以垂直合作共同瓜分市場？

（iii）「領匯」就算沒有簽訂「協議」，它們之間是否有「隱閉式合謀」（tacit collusion），這仍有瓜分市場的效果？

（iv）受「領匯」經營手法影響的中小商戶，是否被不公平地排擠？可否提出投訴？

「領匯」擁有市場支配力量

公屋屋邨約一百八十個商場和停車場設施，是二百多萬公屋居民的生活必需設施；當地居民幾十年來的作息習慣和小商戶的經營模式，已受到「領匯」經營的衝擊。「領匯」對主要為當地公屋居民使用的商場和停車場設施有沒有市場支配力量？這些服務超過全港 30% 市民的商場，明顯具有市場支配力量。根據歐盟的案例，法庭對某一企業佔有 50% 的市場佔有率，就假定其具有支配力量。但就算市場佔有率是低於 50%，法庭仍會考慮多項的因素，包括有關企業的經營手法、其垂直經營的結構、盈利狀況、成本結構、對價格的影響力、對重要生產要素的控制程度、其在市場的聲譽等，以決定該企業是否具有市場支配力量。

再者，「市場」的定義亦有一個「地域性壟斷」（geographical monopoly）的概念。由於不同地區間可能有較高的交通費用，例如屯門良景邨的居民並不容易去其他商場消費，「領匯」在屯門良景邨很可能是具有極大的市場力量，影響居民利益。

《競爭法》仍不足保障消費者

當然，「領匯」與零售業的一些大財團是否有「協議」或「經協調做法」，

以垂直合作瓜分市場，這是很難證明的；除非競委會在派員調查時，能搜獲有關簽署的文件或會議的錄音。但是，法庭裁決也是可以依據相關事實作推斷，從客觀「效果」作判決的。此外，競委會亦可能透過《競爭條例》的「寬待協議」（leniency agreement），爭取合謀者「自首」。

《競爭條例》中的「第二行為守則」，是禁止「濫用市場權勢」。以屯門良景邨的超市為例，「領匯」是否涉及不合理的「拒絕供應」（refusal to supply）「必須設施」（essential facility）予其他業者？有關的超市是可以根據《競爭條例》向競委會作出正式投訴，由於《競爭條例》已刪除私人訴訟機制，居民就算蒙受損失，亦投訴無門。

12.11　五豐行獨家代理內地活牛是否違反《競爭條例》

在 2013 年初，鮮牛肉價格高企，而在 2012 年內亦多次加價，因為活牛供應緊張；獨家代理內地活牛的五豐行被指謀取暴利，傳媒都作廣泛報道。五豐行公佈 2012 年賣出約 2 至 3 萬隻活牛（平均每天約 63 隻），全年毛利額僅約 1,200 萬元，即每隻牛的毛利只約賺 500 元。但有業界人士指出，實際利潤應遠高於 500 元。

中國內地出口活牛到香港，長期只委託五豐行（其為國營企業）為獨家代理，這是否涉及國家行為而不受香港的《競爭條例》所監管？情況是不明朗的。再者，香港政府並沒有對供應活牛的監管和經營作出限制，禁止其他國家的活牛入口，例如泰國、日本、澳洲、美國等。香港沒有其他公司從其他地方進口活牛，這很可能是市場和商業上的決定，並不是五豐行運用其市場優勢，打擊競爭者。事實上，如果五豐行真是長期謀取暴利，這應該是很大誘因鼓勵其他企業由其他來源進口活牛的。因此，五豐行獨家代理中國內地活牛進口這一商業行為，應該是不違反《競爭條例》的。

《競爭條例》第二行為守則是監管「濫用市場權勢」，所以除非有證據顯示五豐行「濫用市場權勢」，影響競爭對手，或上游和下游經營者（如售賣鮮

肉的街市肉檔）的利益，否則，五豐行並未曾違反第二行為守則。再者，在進一步搜集這些證據之前，如何對活牛市場作出正確的定義，也是競委會先決考慮的步驟。

第十三章

重要國際相關參考案例

13.1 歐盟案例（共 15 案例）

歐盟案例 （1）	**英特爾濫用市場優勢（2009）** 搭售　回扣　濫用市場權勢　獨家交易 （**Case COMP/C-3/37.990 — Intel**）
背景	自 2000 年始，電腦用的中央處理器（腦芯，CPU, Central Processing Unit）在市場上只有兩大生產者，英特爾（Intel）佔有 70% 的份額；另一位是超微半導體（AMD, Advanced Micro Devices. Inc.）。70% 的市場佔有率當然符合歐盟條約（TFEU）第 102 條所指企業擁有市場優勢（market dominance）的情況；在香港則屬《競爭法》中第二行為守則所指的有「相當程度的市場權勢」（a substantial degree of market power）。
行為	（ⅰ）在 2002－2005 年間提供回扣給戴爾（Dell），條件是戴爾只會獨家購買英特爾的腦芯（CPU）。 （ⅱ）在同時間內，英特爾提供惠普（HP）回扣，條件是惠普最少在商用電腦中使用 95% 英特爾的腦芯產品，又限制惠普在餘下可用 AMD 腦芯的 5% 電腦產品，只許賣給中小企業，並只許直銷。 （ⅲ）較遲時間給日本電氣（NEC）回扣，要求日本電氣在其桌面及手提電腦產品中，最少使用 80% 英特爾產品。 （ⅳ）2007 年提供予聯想集團（Lenovo）特別回扣，條件是聯想要在手提電腦產品，全數使用英特爾產品。 （ⅴ）英特爾提供予歐洲最大電腦零售商 MSH（Media Saturn Holdings）金錢，但要求只售英特爾產品作腦芯的電腦（Intel-based PCs）。 （ⅵ）英特爾直接提供電腦生產商（HP, Acer, Lenovo）金錢，要求他們停止或延遲推出使用競爭者 AMD 的 X86 腦芯，並限制這些產品的銷售途徑。

辯解	英特爾提出兩點辯解理由（objective justification），分別是： （ⅰ）回扣只為回應市場的價格競爭，及 （ⅱ）為增加腦芯市場的效率所需要，對 AMD 業務的影響輕微。
裁決	英特爾這類提供給下游買家有條件的回扣，效果是明顯地消除了競爭對手產品 X86 的競爭機會，所以是減少了消費者的選擇，更有礙創新產品的動力。 再者，由於研發新腦芯 X86 的「沉降成本」（sunk investment，指已投放不能收回的投資）極為昂貴，事實上，除 AMD 之外，其他腦芯競爭者已離開市場。
結果	罰款 10 億 6 千萬歐元，並且要英特爾停止有關的反競爭行為。

歐盟案例 （2）	**谷歌被全球追究違反競爭（2015）** 獨家經銷或顧客分配協議　濫用市場權勢　拒絕交易　寬待協議　排他性交易
背景	大家都知道互聯網搜尋器「谷歌 Google」的強大與方便，當一個在全球各地市場都佔有 90% 以上的網站霸主想擴大其業務範圍時，兼營其他網站甚至自行生產電腦，就自然不過，這本身不算是違法之事，但谷歌被指控的是利用自己在互聯網上的搜尋優勢，協助自己其他有關產品的宣傳，這就是典型的違反競爭行為。
行為	谷歌被指控濫用市場勢力的四大方面： （ⅰ）谷歌的搜尋結果具欺詐性（deceptive display）—在一般的搜尋結果顯示時，谷歌會優先顯示谷歌自己公司或合作夥伴的資料，這對有關的競爭對手不利。 （ⅱ）谷歌複製未經授權的內容—谷歌複製其縱向搜索服務網站（vertical search services）的競爭者資料，將其安放於自己直屬同類網站之中，例如有關書籍、電影、飲食、旅遊等評語；谷歌則辯稱只是為消費者提供最佳的資訊。 （ⅲ）谷歌搜尋廣告合約的限制（search advertisements）—搜索廣告是搜索結果旁邊顯示的廣告，這事實上是有排他性的效果，要求客戶只光顧谷歌的搜索廣告，從而使其他的廣告服務提供者無從競爭；這類廣告在「在線購物」、「在線電影」、「在線雜誌」等服務至為重要。 （ⅳ）谷歌限制了廣告在不同網絡平台的可轉移性（portability of advertising across different web platforms）—谷歌藉合約的條款，限制其他軟件開發者提供 Adwords 和其他平台的無縫轉換工具（seamless transfer tools）；Adwords 是谷歌的廣告拍賣平台。

過程	（ⅰ）有幾間英國及法國的公司，因為發覺自己公司的搜尋結果排位在谷歌被壓後（pushed down），效果是有利與谷歌有商業關係的公司，這些公司因而作出投訴；隨後連微軟亦加入投訴谷歌之列。 （ⅱ）調查行動自 2010 年 2 月全面展開，經過兩年的努力，在 2012 年 12 月 18 日，歐盟向谷歌發出最後通牒，限令谷歌在一個月內提交詳細改善計劃，以結束這長達兩年的濫用市場主導地位（abuse of market domination）的調查。
辯解	開始的時間，谷歌表明無意退讓，公司主席以目中無人的態度回應，指非常同意歐盟競委會鼓勵大家有一次對話的建議，但不會同意有違反競爭法例的地方；直到競委會準確指出問題所在，他不會猜想出了什麼問題。
裁決	現尚未有正式裁決—基於谷歌的強大跨國地位，歐盟競委會主席暗示極之希望和平解決四項爭議，只要谷歌能有效改善情況便可以，否則按歐盟的法規，要求罰款 37 億歐元，那是谷歌全球利潤的十分之一。谷歌如果不服，可以撤出歐洲的服務，但這似乎是不可思議的事了。
其他	谷歌現被各國競爭機構調查—美國多個州（包括德州、紐約、加州、密西西比州及奧克拉荷馬州）的律政署，正在調查谷歌是否濫用市場優勢，藉操控搜尋的結果以損害競爭對手。南韓的公平貿易委員會正調查特別涉及用於手機的搜尋器，並在 2012 年 5 月第二次搜查谷歌的辦公室。其他國家包括巴西、阿根廷及印度皆已展開調查。

歐盟案例 （3）	**「微軟」反競爭訴訟十年（2004）** 拒絕交易　排他性交易 **（Microsoft Corp. v. Commission of the European Communities（T-201/04））**
背景	在 1998 年，昇陽電腦（Sun Microsystems，主要產品是工作站、伺服器和 UNIX 作業系統）投訴微軟的視窗 NT（Windows NT）系統不公開一些接口（interfaces），以讓其他軟件運作。
行為	在調查的過程中，歐盟同時檢視了視窗如何結合串流媒體技術的各方面，初步的結論是要求微軟提供一套沒有視窗媒體播放器（Media Player）的視窗軟件，或是公開所有令其他軟件提供者，能自由與微軟視窗在枱面電腦與伺服器自由互動所需的資料。
過程	在 2004 年中，歐盟下令微軟支付 4 億 9 千 7 百萬歐元的罰款（相當於 7 億 9 千 4 百萬美元），並需在 120 天內公開有關的伺服器資料，及在 90 天內生產一套沒有媒體播放器的視窗軟件。

辯解	（i）這筆罰款微軟如數支付，但批評歐盟的做法是創新法律，而這新的執法標準，對已經擁有市場優勢企業的創造動力，是一種打擊。 （ii）微軟支付了罰款之後，還是延誤及不公開提供所有資料；微軟公開了源碼（source code），但沒有詳細的規格資料（specifications）；微軟同時出版了一套改了名稱的視窗 XPN。
上訴	微軟同時就裁決進行了上訴，這時歐盟更換了一名新的競爭委員會主席，她的立場是十分支持公開標準（open standard）及開放源代碼（open source）。
裁決	歐盟用了一個星期聆訊微軟的上訴，競委會主席不接受微軟的論據，指一切都十分清楚，驚訝微軟這類大公司，居然說不明白競委會希望他們做什麼事情，以改善競爭。
結果	（i）在 2006 年，歐盟再對微軟罰款 2 億 8 千萬歐元（等於美金 4 億 4 千 8 百萬），並警告若微軟再不服從，並依照歐盟的指示改善競爭，將會每天罰款 3 百萬歐元（481 萬美元），微軟對競委會決定的上訴在 2007 年 9 月失敗，需支付所有罰款及 80% 的律師費用，微軟放棄了再上訴。 （ii）2008 年 2 月，歐盟再罰款 8 億 9 千 9 百萬歐元（14 億 4 千 4 百萬美元），是歐盟五十年以來最大的反競爭罰款。後來因為計算的問題，減低了 4 億，又在 2013 年罰了微軟 5 億 6 千 1 百萬歐元，以阻止微軟與其他公司私下作解決紛爭的協議。

歐盟案例 （4）	**葛蘭素史克公司案（2009）** 價格歧視 **（GlaxoSmithkline Services 2009（C-501/06 P））**
背景	葛蘭素是歐洲一間重要藥品發展及市場推廣者；歐洲的藥品工業受到各國的嚴密監管，主要是在某一國家出售某一類藥品時的價格，政府都會施加上限，而藥品的供應除非得到政府同意，減少或停止供應是犯法的事。
行為	在西班牙的葛蘭素附屬公司，通知歐盟競委會他們在西班牙的批發情況： （i）葛蘭素的附屬公司與 79 間批發商簽了合約，訂明 82 類藥品設訂有雙重價格（dual pricing），病人若然在醫院購買（由國民醫保支付費用）藥品，收取法律上限的藥價；若在其他情況下購藥，則收取高很多的藥價。 （ii）在 82 類藥品中，有 8 類是有平衡進口。

過程	歐盟競委會不同意並責備這一做法（condemn，等同不批准這樣做，葛蘭素因而要上訴），認為藥品設訂價格是違反競爭，而兩級訂價亦損害消費者的利益。
辯解	（i）水貨活動令其不能合法地在別的國家收取更高的價格，結果會減低藥廠在研究開發（R&D）的動力，這對藥業而言，創新發明極為重要。 （ii）將不能保證可為歐盟各國提供足夠的藥品供應，因為各國皆會在藥品價格最低的地方購入水貨。
裁決	葛蘭素結果敗訴；一些主要的法律爭議點如下： （i）不同國家設有不同價格限制，這些限制並不排除所有競爭，各藥廠依然可以在研發與服務的領域自由競爭。 （ii）法庭認為原則上用雙重價格以打擊平衡貿易是一定違反競爭的。 （iii）這類協議最終會減低消費者的利益，這點比較有爭議，因為不能假設水貨活動一定令消費者得益，得益可能只是水貨客。 （iv）競委會並未為市場下定義，事實上很少藥廠能在有水貨活動的專利藥品取得市場優勢，唯有在同質的市場（homogeneous market）價格歧視才有作用。 （v）醫療保險業（health insurance）由於要支付藥物的費用，也屬消費者，其利益因不同收費受損，這是肯定的。 （vi）由於一些地區的藥品價格有政府補貼（例如英國），水貨活動對政府或醫保不公平，但法庭認為影響輕微。

歐盟案例（5）	**Harwood Park 火葬場案（2005）** 拒絕交易　相當程度市場權勢　市場定義 **（Burgess v. Office of Fair Trading 2005（Case No:1044/2/1/04））**
背景	「市場」的定義是什麼，是十分重要的。假設全港有三處火葬場，火葬服務自然有一定的競爭；但港島區只有一處，提供服務者就成為獨市者，有極大市場優勢，他就不能「濫用」這一優勢，否則就會違反競爭的法例。2005 年英國就有一宗這樣的反競爭案例。伯吉斯是一間殯儀服務公司，已經有 160 年歷史，對手是一間叫柯士丁（Austin）的公司，自 1700 年已經營殯儀業；柯士丁花了極大努力，成功得到城規的批准在兩個地區（Stevenage and Knebworth）設立了一個火葬場，為自己的公司及其他殯儀公司提供火葬的服務。

行為	在 2002 年，兩間公司交惡，柯士丁拒絕了伯吉斯使用這個叫 Harwood Park 的火葬場，伯吉斯依然可以經同業間接租用火葬場，到 2004 年則被完全禁止使用。伯吉斯於是向英國的公平交易辦事處（負責執行英國的競爭法例，這等同香港的競委會）投訴，要求裁定柯士丁公司違反了競爭法，濫用了市場優勢（market dominance）。
原審	公平交易辦事處裁定沒有違法，其理據如下： （ⅰ）事件涉及兩個市場，火葬服務的市場及殯儀服務，兩者以地域劃分市場（geographic market）。 （ⅱ）由於柯士丁曾經承諾城規人員火葬場會供其他殯儀公司使用，使其具社會服務意義，柯士丁事實有履行承諾，讓其他公司使用火葬場。 （ⅲ）大多數公司會使用其他火葬場，方圓 30 公里之內有其他選擇，所以是有競爭的。若然柯士丁加價，其他殯儀公司會轉去其他火葬場，事實上亦無歧視性價格收費。 （ⅳ）據英國殯儀業商會的資料，Harwood 火葬場只佔 15.6% 的市場，遠離一般指擁有市場優勢的 40%。 （ⅴ）這段時間內伯吉斯的營業額仍有所增加。 （ⅵ）兩間公司的職員互相敵視，事件是商業糾紛，多於反競爭行為。
上訴	這件案上訴到競爭上訴審裁處（Competition Appeal Tribunal），上訴審裁處不同意公平交易辦事處的裁定，並以自己的裁決代替，主要理由如下： （ⅰ）強調消費者的利益被忽視—殯儀業是特別的服務，一般人不會想太多並想速速解決事件，不會有太多經驗及時間找尋服務，這些特性公交辦忽視了消費者對費用增加的不留意。 （ⅱ）由於英國的死亡人數逐年下降，消費者會對服務更為選擇，新的競爭者不易進入市場，柯士丁在兩區的市場有優勢，其行為則構成濫用了優勢；用方圓 30 公里作市場的地域考慮是錯誤的。 （ⅲ）公交辦沒有留意並討論火葬服務與殯儀業有不可分割關係，柯士丁與 Harwood 火葬場為垂直整合（vertical integrated）企業。 （ⅳ）公交辦認為應尊重企業選擇合作夥伴的自由—法庭認為當有市場優勢的企業在無合理辯解（justification）的情況下，拒絕提供必須的貨品或服務（essential services）給競爭者，這會對消費者有害（to the detriment of consumers）。

歐盟案例 （6）	**德國電訊案（2010）** 濫用市場權勢　利潤擠壓 **（Telekom v. European Commission 2010（Case T-27/03））**
背景	德國電訊（歐盟原訟庭於 2008 年審結，Case T-27/03）被指控濫用其市場優勢，進行利潤擠壓（margin squeeze）。德電是一間從國有郵政私有化出來的公司，國家直接或間接持有 43% 股份，其餘 57% 為公開發行股票，公司提供通訊服務如電話與上網。公司被歐盟競委會裁定違反競爭法，罰款 1 億 2 千萬歐元，德電兩度上訴（歐盟原訟庭及上訴庭 CFI 及 ECJ）皆維持原判。
行為	（i）德電本為國營亦即享有專營地位，在 1998 年被命令要開放市場給予競爭者；雖然經過了五年時間，德電依然享有 100% 的上游市場（upstream market，批發市場）及 95% 的下游（down stream market，零售市場）市場，餘下的 5% 由大數目的競爭者分享。電訊服務的批發價由德國政府所規定，而零售價則由政府訂定最高收費（price cap）。 （ii）德電被投訴不是收費過高，而是在零售服務收費過低，由於批發價與零售服務價格之間的差價（price margin）太少，甚至可能低於德電在提供零售服務時所需要的成本（product-specific costs），這令到根本沒有新的競爭者能成功加入下游市場的競爭。
辯解	德國電訊的爭辯是公司根本無法控制上游市場的訂價（這是被政府規管的），歐盟只應考慮其在零售市場是否有濫用優勢的情況，但競委會與歐盟法庭都不同意這理由。
裁決	歐盟裁定國家行為（state action）並不構成辯解理由；這一裁定令歐盟的反競爭執法比美國的反托拉斯法（anti-trust law）更嚴，因為美國只要遵守某一行業的規管法規（sector-specific regulated），就不會違反競爭法。歐盟競委會是採用歸因測試（imputation tests），以判斷利潤擠壓是否已經發生：這是當企業有市場優勢時，這公司不能協調上游和下游市場的定價，以打擊下游市場的競爭者。
其他	這件案的重要性在於利潤擠壓本身已構成濫用市場優勢，歐盟正有其他電訊公司案件進行訴訟，但德國電訊案不一定可以簡單引用，因為德電的優勢是長期性；而在新興的市場，企業以低於成本搶客的情況時會出現，這類情況未必可歸類入德電案的「利潤擠壓」。

歐盟案例 （7）	**三大歐洲電訊公司合併案（2012）** 收購合併 **（Telefónica UK/Vodafone UK/Everything Everywhere（Case COMP/ M.6314））**
背景	歐洲三大電訊公司在 2012 年申請合併。西班牙電訊（Telefonica）成立於 1924 年，為全球第五大的固網和移動電訊營運商，於全球皆有業務，曾一度持有中國聯通 9.6% 股權；沃達豐（Vodafone）是世界上主要跨國性流動電話及通訊網絡公司之一，在全球 27 個國家有投資或與當地流動電話商合作。還有事事處處（Everything Everywhere, EE）公司，這是目前英國最大移動網絡運營商，擁有 28 萬客戶，背後的持有公司為德國電信及 Orange。
行為	三大公司計劃成立一間合營公司（joint venture），在歐盟批准計劃之後，準備在英國全面推動 4G 電訊的服務。西班牙電訊及沃達豐早前已經得到英國公平交易辦的同意，在網絡工程上合作，兩間公司的合作目標是為英國 98% 的人口提供 2G 及 3G 的電話服務；而沃達豐亦已經在倫敦提供特快的 4G 電話服務，不另加收費。
過程	歐盟要進行調查，因為透過手機進行商務活動，是新興的商業模式，並可能根本上改變消費者的購買習慣。歐盟競委會初步調查認為有潛在的競爭問題，特別是在手機付款的服務市場；競委會於是在 2012 年4 月展開深度調查（in-depth inquiry）。
裁決	競委會的結論是三大的聯營，並不大可能對市場的競爭構成明顯障礙： （i）手機商務是新近的發展，有很多企業有興趣加入，並發展了不同的技術以配合。合營公司不大有興趣採取技術拒斥（foreclose）或妨礙（hinder）其他競爭者的發展，無論是有關批發、零售、廣告或是資料分拆等在手機平台上的服務。 （ii）現在已經有很多競爭者參與電子商貿服務，當中一些是很有市場能力及服務消費者的經驗；而使用服務者已經在使用在線付款（online payment）很有經驗。競委會不認為三公司的合營會明顯地對新競爭者的加入構成欄柵。新公司亦不可能窒礙創新，手機商務市場應會以更有創意的形式發展。 （iii）競委會的調查發現不同模式付款早已存在，並且其他新的形式正在出現。一些是依靠所謂用戶識別模塊（SIM card）在手機中的應用，其用戶資料例如銀行戶口；這模式使用之時要依靠電訊服務商，例如這三大公司的制式。但其他模式並不依靠這技術，例如銀行的信用卡，就沒有依靠與電訊公司連繫的 SIM 卡的使用。而三大公司的聯營並不可能在技術上禁止其他模式的使用。

其他	三大電訊的結盟終於在 2012 年 9 月得到歐盟競委會的批准，聯營公司的主要目標是要清理目前手機網絡在統一付款的障礙，以容許支付服務能更方便在手機上進行（a single mobile payment system）。
歐盟案例（8）	**福特汽車案（1984）** 獨家經銷　協議　平衡進口 **(Ford of Europe Inc v. European Commission（Cases 25 and 26/1984）)**
背景	福特是美國的名牌汽車，行銷全球，公司成立於美國。福特歐洲（Ford Europe）亦是在美國註冊，但在英國、比利時和前西德聯邦共和國設有辦事處，而「福特股份公司」則是在西德據西德法律註冊成立的公司，是一家製造公司的身份。「福特歐洲」負責協調分配福特各附屬公司在歐洲的經濟活動，包括「福特股份」所生產的福特汽車及零件。「福特股份」所製造的汽車有相當大的部分賣給「福特英國」，「福特英國」有自己的銷售計劃和其自己的分銷網絡。據此，「福特股份」定期定量生產左軚車及右軚福特汽車。
行為	（i）為了實現其銷售計劃，「福特股份」制定了一份主要經銷商協議（a main dealer agreement），這協議對德國的分銷商具約束力。這類協議按歐盟法例需經歐盟的不反對（negative clearance，即同意）或依法獲得豁免。 （ii）直到 1982 年 5 月，一定數量的右軚車，在按照英國的規格情況下製造及銷售到英國，亦有一定數量左軚車按德國規格製造及銷售到德國。在 1981 年的春天開始，在德國市場的右軚車需求突然增加，原因是德國同類車的售價比英國便宜很多，部分原因是匯率的波動所致。 （iii）由於大量英國人到德國買車，影響到英國分銷商的營業計劃；1982 年 4 月「福特股份」以通函通知「德國福特」的經銷商，由 5 月 1 日起不能再接受英國客的訂單，所有右軚汽車必須經「英國福特」的經銷商購買。

辯解	（i）歐洲消費者聯盟（European Office of Consumer Union）指出，當德國分銷商不能把右軚的福特車輛供應給英國之後，主要的分銷協議變成「福特股份」阻止平衡進口（parallel import）的有效工具，從而剝奪了歐盟消費者的權益。 （ii）福特方面指通函是單方面（unilateral）性質，不是協議的一部分；這項措施在汽車業是必需的。選擇性的銷售方式在歐盟有其他先例，而通函就算是協議，也並無較其他汽車公司的銷售協議更違反競爭。這停售決定與主要的分銷協議（main dealer agreement）並無關係，歐盟無理由將兩者拉上關係。
裁決	歐盟競委會先通過臨時措施，要求「福特股份」在 10 天之內撤回通函。事件後經歐盟的司法訴訟，最終結果是福特敗訴。法庭指出「福特股份」事實上阻止了德國的福特分銷商，出售車輛到其他國家以發展業務，所以競委會將通函視為協議的一部分；而競委會在考慮協議的豁免時，有權及應該考慮所有最新的有關因素。

歐盟案例（9）	**英國高雪氏病藥品案（2004）** 利潤擠壓 **（Genzyme Limited v. Office of Fair Trading 1016/1/1/03）**
背景	英國藥廠生產一種可治療高雪氏病（Chaucher）的藥 Cerezyme，高雪氏病是一種病人欠缺減弱身體廢物的酵素，在英國大約有 190 名高雪氏病人受到這藥的治療，治療經英國國民保健計劃署 NHS 安排，費用一年 10 萬英鎊。大多數病人在家治療，藥方經醫生指示給家居護理機構（home care services）送達給病人，護理機構一併負責病人其他醫護服務，例如護士、特別器材、藥品冷櫃及 24 小時救援熱線。所以 Cerezyme 藥的提供是高雪氏病人護理套餐的一部分。
行為	Health Care at Home 是自 1998 年起提供該服務的機構，根據其與藥廠的協議，機構自藥廠以固定價購藥，藥廠支付護理的費用，而 NHS 則會支付藥廠藥及護理服務的費用。在英國只有一家提供這項服務的護理機構，而其一直與藥廠合作。
過程	在 2000 年，藥廠告訴 Health Care 會在一年後終止合作，並自行建立自己的護理服務機構。Health Care 要求藥廠提供合理地低於 NHS 支付的藥價，藥廠拒絕了要求。在公平交易局的調查期間，Health Care 發覺其經營完全無利可圖。

裁決	（i）英國的競爭上訴庭（competition appeal tribunal）在 2004 年裁定藥廠違法。法庭指藥廠的做法為價格擠壓，效果是令到 Health Care 在提供服務之時無法生存，不論其營運如何有效率，在下游市場亦不可能有其他護理服務的提供者。如情況持續，Health Care 亦將要退出市場。法庭同意公平交易局的調查結果，指藥廠企圖壟斷對高雪氏病人的護理服務。 （ii）結果是法庭對藥廠的行為處以罰款，迫使其繼續與 Health Care 的合作。
其他	此案是否完全符合價格擠壓的定義，不無爭議的地方，一般的理解是在上游市場有優勢的企業藉控制對下游市場的供應，迫走在下游市場的其他競爭者。就本案而言，原來的 Health Care 由於是唯一的服務提供者，競爭本來就從不存在。由藥廠提供一條龍的服務，可能是更有效率的安排。

歐盟案例 （10）	**愛爾蘭免費冰櫃案（1998）** 標準條款協議　會籍認證限制　經協調做法 **（Van den Bergh Food Ltd v. European Commission 1998（Case T65/98)**
背景	愛爾蘭的主要雪糕生產商（當時叫 HB）為雪糕的分銷者（retailers）免費提供用以供應即時食用雪糕的雪櫃，條件是雪櫃只可以儲藏 HB 的雪糕；HB 保留雪櫃的物權，並負責維修，這個合約大家皆有權經兩個月的通知而終止。歐盟有案例清楚指出這類情況可能是違反競爭的行為，因其附加排他性的使用條件（exclusivity clause）。
行為	自 1989 年起，一些分銷商開始用雪櫃儲藏一種來自美國的雪糕新產品 Mars，這類產品正滲透愛爾蘭的雪糕市場。HB 開始要求分銷商嚴格遵守使用雪櫃合約中的排他性單獨使用條款，Mars 則在 1991 年向歐盟的競委會提出正式投訴。

裁決	歐盟競委會在 1998 年 3 月作出決定，認為 HB 的分銷協議中包括排他性條款是違反競爭法的。競委會認為 HB 在相關市場（單包裝即用雪糕）有市場權勢（dominant position），因為其在數量上佔有79%，而重量上更達 94%。競委會認為 HB 的協議，有限制分銷商出售競爭對手產品的效果。競委會發現 40% 的經銷店（outlets）只有 HB 提供的雪櫃，而更只有 17% 的零售店（retailers）有不受 HP 排他性條件約制的其他雪櫃，由於這樣，其他雪糕供應商很難滲透愛爾蘭的雪糕市場；新加入者要跨過很高的門檻，要說服零售商花錢多購雪櫃或終止與 HP 的合約，而另置自己的雪櫃，這無疑是十分困難的。
辯解	HB 指出雪櫃使用的排他性並不等同供應 HB 雪糕經銷上有排他性行為，零售商有絕對選擇使用 HB 雪櫃的自由，並非不使用供應商的雪櫃，便不肯供應 HB 雪糕產品。
上訴	HB 向歐洲原訟法庭（CFI）提出申請，要求裁定競委會的決定無效。法庭最終拒絕 HB 的申請，維持了競委會的調查決定；法庭認為該排他性協議不會令產品改良，並考慮到： （i）市場的特別情況； （ii）HB 雪糕受歡迎程度；及 （iii）HB 在有關市場的力量及產品的特性。 該協議總的情況（agreements as a whole）是限制了市場的競爭，條款的效果是令到零售商對其他產品要作出不同的處理，所以扭曲了市場的競爭。HB 產品的市場佔有率，令零售商根本不可能終止使用雪櫃的合約。法庭指出在 HB 要求嚴格執行雪櫃只可儲 HB 產品的條款之後，Mars 的銷售量大跌一半。零售商只願在一個雪櫃之中儲備不同的產品，就算想取消協議，還需待兩個月的過渡期，隨時可終止合約的辯解，根本不成立。
其他	雖然在雪糕的市場，提供排他性雪櫃使用權是慣常的安排（在歐洲其他市場或其他類型雪糕產品，例如盒裝或桶裝雪糕），但關鍵在於 HB 在這市場有市場優勢（a dominant position），所以其安排有違反競爭情況；法庭並不會限制 HB 以公平的商業形式，出租雪櫃給零售店。

歐盟案例 （11）	**荷蘭電訊商合謀案（2008）** 訂定價格　經協調做法 **(T-Mobile Netherlands BV and Others 2008（Case C-8108））**	
背景	在荷蘭有五家電訊商，當時分別稱：T-mobile（10.6%）；KPN Mobile（42.1%）；Orange（9.7%）；Vodafone（26.1%）及 Telfort Mobile（11.4%）。由於牌照的限制，不會有其他新的手機電訊商可以加入市場。	
行為	就如其他歐洲的電訊商一樣，手機電訊商提供「預付套餐」式收費（prepaid package）或「事後式安排」收費（postpaid subscriptions），服務是由一些分銷商（dealers）提供給消費者，而電訊商與分銷商之間則有收費的協議。五家電訊商在 2001 年 6 月 13 日有一次會議，之後最少有四家的電訊商有協調的做法（concerted practice），涉及與分銷商分賬的安排。	
直接 上訴	荷蘭的競委會按荷蘭的競爭法，在鹿特丹的地方法院提出起訴；案件上訴到上訴法院。荷蘭的上訴法庭暫停自己的法律程序（荷蘭並非歐盟成員），提請歐洲法院（ECJ）解釋三個有關競爭法的法律問題： （ⅰ）引用歐盟條約第 101 條之時，所謂「經協調做法」的目標（object）是何標準（指在歐盟市場之內而言）？ （ⅱ）當歐盟的國家法庭要證明市場行為與協調做法的因果關係（causal connection）之時，是否可依自己國家的舉證程序，只要這些程序不比歐盟的要求低（no less favourable）或不能執法？ （ⅲ）引用第 101 條中「經協調做法」這一概念之時，是否就算有關安排是單一事件，也可假設該協調做法與市場行為有因果關係（a presumption of a causal connection），因此就可看成為有關的安排已有一定慣性？	

歐洲法院 裁決	歐洲法院及歐盟檢察長的裁定及意見可歸納如下： （ⅰ）「經協調做法」的概念，指一種合作協調（a form of coordination），而企業經這協調（無需正式達成協議），就能有效的代替了競爭風險（knowingly substituted for the risks of competition）；只要目標是這樣時，最終是否達到預期的效果（effect）是不重要的。 （ⅱ）根據第101條，各國法院必須追隨歐盟在證明有因果關係時所採用的程序原則。在這方面，歐盟是清晰地採用推定證明（presumption of proof）的原則，這是指當各有關企業在有關市場保持活躍（remain active）時，協調行為就被假設會對市場有影響的效力（effect）。 （ⅲ）第三個問題是有關因果關係的假設問題。是否可以假設當只有一次會議，亦可以得出引致「經協調做法」（concerted practice）的結論？很明顯，幾家電訊商認為不能有這假設，而荷蘭政府及競委會則支持這一假設。歐洲法院認為需視不同市場及行業而定，事件涉及競爭的單一因素（電訊商與代理商的分賬安排）；在這情況下，一次會議便可以構成長期協調的基礎，這基礎亦足以達成眾企業所希望達到的反競爭目標。
歐盟案例 （12）	**英航與維珍航空案（2007）** 掠奪性行為　回扣 **（British Airways v. Commission of European Communities（Case C-95/049））；（Virgin Atlantic Airways v. British Airways 2001, 257F 3d256）**
背景	英國航空（British Airways）與維珍航空（Virgin）為兩間有競爭的航空公司。英航為了增加出售機票的數量，安排了一個增加回佣給代理人的制度。英航所安排的不是一般性基本回佣制度，並由1998年起提供三類有經濟誘因（financial incentives）的制度，特別出問題的是第三類的表現嘉許計劃（performance reward scheme），代理可因個別月份與去年同一月份的售票增長表現而多獲紅利。以國際航線而言，基本佣金為9%，但若增長為一倍，則可獲佣金高達17.4%。 維航指這一回佣制度有掠奪性行為的作用，於是向歐盟的競委會投訴，競委會在1999年對英航罰款680萬英鎊，英航向歐洲法院（EJC）上訴，在2007年裁決，維持英航違反競爭的決定。

歐洲法院裁決	（i）競委會認為，當一旅遊代理商處於接近增加佣金的門檻線之時，多售英航機票就會使收入大增。相對而言，競爭對手的維珍必需付出較英航更高的回佣，才足以應對英航的回佣策略。這對新的競爭者而言，英航的競爭優勢大為增加。 （ii）原審庭（CFI）認為英航的計劃會加強旅遊代理對其忠貞的建立（fidelity-building），這是由於該累進的制度，對邊際收益的情況有極大影響，意味着競爭者無法提供相同的銷售條件，因為欠缺英航相同的財力。英航並無從計劃之中使收益得到增加，作用只是逼走競爭者，因而裁定英航的回佣行為是掠奪性。 （iii）歐盟法庭的重點是英航的行為沒有合理的理據（justifications），因而推論出是濫用市場的優勢，以掠奪性回佣限制競爭。對於為何維珍航空不能推出同類的回佣制，似乎沒有深入研究；而美國的法院對同一事件的觀點就完全不一樣。
美國法院裁決	在美國類似的激勵制度，在航空業是一直存在的。美國巡迴上訴庭的觀點如下： （i）要符合《謝爾曼法》（Sherman Act）的妨礙交易指控，需有兩個企業的合謀，單一企業行為不是合約。 （ii）妨礙交易（in restrain of trade）須有減低競爭的效果，有害消費者權益的行為。維航未能證明大量的折扣或減價，對乘客有負面的影響。 （iii）要證明法例中企圖壟斷的行為（attempted monopoly），除要證明有掠奪或反競爭行為外，亦需要指出壟斷意圖（specific intent to monopolize）及有達成壟斷的危險可能。 （iv）這不是綑綁式的交易，乘客可自由在下次購買別的航票。 （v）回佣之後並未出現低於成本價（below cost pricing），反托拉斯（anti-trust）是保護競爭行為，而不是要保護個別競爭者。
其他	大企業的反競爭行為花樣很多，使用掠奪性行為（predatory conduct），企圖將對手逼出行業或不能進入行業，是慣常手法。但同一行為美國的法庭與歐洲法院出現完全相反的判決，這是少有的一件案件。

歐盟案例 （13）	**愛爾蘭牛肉案（2008）** 產量限制　獨家經銷或顧客分配協議　會籍認證限制 **（Competition Authority v. Beef Industry Development Society（C-209/07））**
背景	在 1998 年全球經歷了一次經濟金融風暴，風暴影響到愛爾蘭牛肉的出口，亦影響到牛隻屠宰業的生存。由於屠宰業的需求不足，業界為求生存出現惡性競爭。愛爾蘭政府介入事件，鼓勵業界成立協會（Beef Industry Development Society），協會委託著名跨國顧問公司麥健時（Mckinsy）做了一個計劃，以面對行業的不景氣。協會在 2002 年正式成立，由十家最大的屠宰場公司組成。
行為	麥健時公司其後完成了報告，指牛肉生產業處於極糟的形勢，利潤由於供過於求而極微薄；報告建議須理性處理供求失衡的問題，建議包括： （ⅰ）25% 屠宰業者須協議離開市場，為期 5 年； （ⅱ）留下業者應補償自願離去者；及 （ⅲ）業者將一定比例利潤分給離開者，離開者承諾不會在停業後，將廠房及牧地交給新經營者。
愛爾蘭的 裁決	愛爾蘭的競爭委員會並不同意計劃，競委會在 2003 年提請愛爾蘭的高等法院頒下禁令，不許計劃實施。法院裁定沒有違法，理由是這不是聯合定價（fixing prices）、分享市場（market sharing）或限制投資。法庭認為競爭還是存在的，餘下的業者可以自由增加生產，並無任何固定價格或減少生產的安排。法庭認為計劃的安排不算違反競爭法的目標。愛爾蘭競委會再向最高法院上訴，最高法院決定直接請求歐盟法庭（ECJ）作出裁定（ruling），以決定協會的計劃是否違反競爭法。

歐洲法院 裁決	約十年後，2008 年底歐盟法庭作出了裁定，法庭認為協會計劃者的意圖（雖然並不是想違反競爭原則）是不相關的；計劃者可能是追求其他合理的目的，但違反競爭的目標（object）一樣可以出現，法庭認為這樣的計劃與歐盟條約的原則有明顯衝突（conflicts patently）。還有： （i）留下繼續經營業者由於要給離去者提供補償的費用，自然不想增加產量，因這會導致補償費用增加。 （ii）去業者有責任停用設施的安排，阻止新加入者使用原有設施，競爭自然困難。 （iii）某類形式的合謀，其本質上就可視為對自由競爭的傷害，企業間協議大幅減產，這正是被禁的行為。 （iv）歐盟法例中禁止有害競爭協議的條文（香港為第一行為守則），須以嚴格及狹窄的角度理解（formalistic and narrow way）。 （v）行業生存危機不應對法例的執行有影響，對法例的分析理解應盡可能絕對（as pure as possible）。
其他	全世界各國都會在經濟的發展中有不同的起落階段，或由於政府更換有不同的經濟政策，競爭法例的執行會出現不一致的情況。最為人知的事例，是美國在八十年代列根政府時期，反壟斷檢控案件大幅下降。在歐洲，由於有歐盟這跨國組織，其引用法例就非常原則性；經濟不景氣時，亦不曾對一些有違競爭原則的協議網開一面。這一案例的重要之處就是，就算在經濟不景氣的時期，由於消費者減少支出令到商品需求大減，減產的協議一樣被裁決為違反競爭。這不需證明有具體違反競爭的情況，這樣的協議在原則上是不被准許的。

歐盟案例 （14）	**可樂在歐盟案（2004）** 排他性銷售　承諾書（寬待協議）　搭售及捆綁銷售　回扣　濫用市場權勢 **(European Commission, IP/04/1247)**
背景	在美國，可口可樂和百事可樂的市場佔有率分別是 44% 及 39%，由於其競爭的慘烈，消費者及政府不用擔心其壟斷可能引起的違反競爭問題。但在歐洲不同，可樂與百事在所謂碳化飲品（carbonated soft drinks）的市場比率就有很大差距，在比利時，是 68% 比 5%；在法國則是 60% 比 6%。
事件 過程	歐盟的競委會在收到一些投訴之後，開始在歐盟二十五個國家收集證據；在 2004 年中，競委會發給可口可樂一份初步評估書表達其關注，並給予可樂公司建議作出承諾書（commitments），若可樂公司不肯作出改善有害競爭行為的承諾書，競委會就會依法律的授權施加罰款。

行為	歐盟的競委會的研究中，市場的定義是包括可樂味、橙味、檸檬味及其他類似酸苦味的碳化飲品，不包括水裝及運動能量的飲品。研究亦分開兩大不同出售途徑：自取途徑（超市、平價店及大量購買店）及即用途徑（酒家、酒店、食堂）。 （ⅰ）被指控的行為包括排他性銷售，一些協議是可樂公司直接禁止分銷者提供競爭對手的飲品。 （ⅱ）經由一些協議，可樂公司提供回扣予分銷者，回扣花樣很多，包括達到指定的數量及增長回扣（growth rebate），於是分銷者皆會集中促銷可樂產品。 （ⅲ）可樂公司亦有一些搭售安排，例如購買一定量的可樂三大產品（可樂、低糖可樂及芬達橙飲），需一併購買可樂其他產品如芬達檸水。研究證據顯示，可樂的客戶並無多大的抗拒搭售能力（in weak position），可樂公司亦會免費提供飲品水機（fountain dispensers），但這些水機只可售可樂，對於一些即食店，往往無地方提供其他凍飲機。
可樂承諾	可口可樂公司很爽快地與歐盟競委會就承諾的內容達成協議，避免到歐盟法庭解決。承諾書的內容有四大要點： （ⅰ）不再有排他性安排，可樂分銷商可自由決定購買分銷碳化飲品。 （ⅱ）不再有目標或增長回扣，從而阻礙分銷商向其他碳化飲品入貨的自由。 （ⅲ）不再強迫分銷商搭買可樂較不受歡迎的產品，亦不提供搭售的回扣。 （ⅳ）可樂公司提供免費的冷凍機（a free cooler）之時，其使用者（outlet operator）可自由放置其他 20% 的飲品於冷凍機之內。
其他	這承諾只適用於歐盟國家中，可口可樂佔其 40% 或以上的市場，而其次競爭者只約有 20%。承諾書制度在歐盟始於 2003 年，香港的《競爭條例》中亦有這項安排，承諾書是雙方可以協商解決爭議，從而避免訴訟。

歐盟案例 (15)	**聯牌歐陸香蕉案（1976）** 濫用相當市場權勢　價格歧視　拒絕交易 **(United Brands Continental BV v. Commission of the European Communities Case 27/76)**
背景	United Brands（聯牌歐陸）是一間跨國集團公司在歐洲的代理人，在 1974 年時，聯牌歐陸佔有全球香蕉貿易的 35%，佔歐洲市場 40%－45%。聯牌歐陸代理入口在拉丁美洲種植的香蕉，原批入口，由分銷商在歐洲使香蕉成熟並出售。
行為	聯牌歐陸被指濫用市場優勢的行為包括： （ i ）要求在盧森堡、丹麥、愛爾蘭、荷蘭的代理商，在香蕉還是綠色的時間，不能轉售；由於成熟的香蕉只能在架上放置有限時間，這限制令代理商無法轉售到其他地方。 （ ii ）聯牌不肯出售香蕉給一間丹麥 Olsen 的分銷商，這是一間原有合作的夥伴。 （iii）聯牌對不同國家的不同分銷商（distributors），收取不同的價格。
裁決	就這三點濫用優勢的指控，法庭皆認為成立，且看看其理由及聯牌歐陸的辯解： （ i ）任何影響跨境貿易（cross border trade）的限制，皆是一種濫用市場優勢的行為。除非有關的限制，是對貿易而言合理及合乎需要的比例（justified and proportion to its objects）。 （ ii ）聯牌指 Olsen 推銷另一競爭性品牌 Dole，令自己的品牌 Chiquita 香蕉的利益受損，同時亦指 Olsen 的服務品質不佳。 （iii）聯牌指不同價格供貨予分銷商，是與貨品最終在市場出售的價格掛鈎，亦所以是有道理的。法庭認為這一辯解不合理（no justification），歧視性價格（discriminatory prices）會影響跨境貿易，所以就已經構成濫用優勢，而不需再理會後面的商業理由（commercial logic underpinning）。 除了市場佔有率之外，其他的因素亦需考慮而裁定貨品是否有市場優勢。這包括是控制了入口（inputs），在縱向結構的貿易結構中（vertically integrated），聯牌控制了所有生產及運輸的過程，由香蕉種植者到使成熟者。由於 Chiquita 是不能缺少的名牌，分銷商對品牌變成有依賴性，由於其生產需要極大投資成本，構成進入市場的實質上的財政困難。這也是市場優勢的一種。 價格歧視不一定就是濫用優勢，但長期而成功的價格歧視則是一重要的訊號，指出濫用的存在。濫用是令到顧客有競爭不利的情況（competitive disadvantage），而有關的歧視性價格會在歐盟的市場內有效地影響貿易的進行。

特點	在本案之前，歐盟的案例所涉及濫用優勢時，是指佔有達 70%；而自本案後，40% 市場佔有率，被普遍假定為有市場優勢的比例。
其他	市場優勢（market dominance）似乎只是一個常識名稱，但當香港的《競爭條例》實施之後，這將會是一個在幾乎所有爭議的案件下，都要被深入辯解的法律概念。香港法例字眼與歐盟的條例略有不同，用了更寬的澳洲法例概念，稱為相當的市場權勢；但概念源於歐盟法例，其司法解釋源於這一件於 1978 年 2 月裁決的案件。重點是優勢並不是一個純百分比的問題，是要考慮一籃子的因素。

13.2　美國案例（共 13 案例）

美國案例（1）	**密蘇里貨運協會案（1897）** 協議　訂定價格 **（United States v. Trans-Missouri Freight Association, 166 U.S. 290 (1897)）**
背景	本案為美國最高法院將《謝爾曼法》引用於鐵路的案件，在當時而言，美國眾議院已經為鐵路運輸業制定了詳細的規管法規，但聯邦政府猶引用了本法。其時有十八家鐵路公司合組了一個組織，去為運輸的價格作出規定，並以相互協議作實（mutual agreements）。
辯解	聯邦政府指控這些公司違反《謝爾曼法》，並要求法院解散組織，眾公司則辯稱他們並不違法，因這組織的目的不是要加價，相反地是想降低收費的價格。眾公司認為眾議院立《謝爾曼法》時的意圖不是想引用到他們的情況，因為早已有廣泛為鐵路運輸業而設的法規。
裁決	法院裁定《謝爾曼法》禁止所有同類的組合形式（combinations），並禁止所有妨礙貿易自由的合約（contract in restrain of trade），不管合約是否合乎情理。有一位法官有不同意見，認為合理合約不違反法例；法院同時裁定，法例並無給予鐵路業任何例外豁免。

美國案例（2）	**江湖醫生案（1911）** 維持最低或固定轉售價格 **(Dr. Miles Medical Co. v. John D. Park & Sons Co., 220 U.S. 373 (1911)）**
背景	在十九世紀初，專利藥品生產商利用轉售價格控制（resale price maintenance），以促銷產品。轉售價格控制就是生產者及分銷者的協議，分銷者需維持一定價格或最低價格的協議。這類協議阻止了轉售者在零售價格上的競爭行為。 被告公司 John Park & Sons 是專利藥品的廉價商店，這店在大倉庫中以平價購買大量存貨，然後以折扣出售。這店的成功手法，影響到藥廠對轉售價格的控制，令專利藥品生產商不滿。藥品公司 Dr. Miles Co 入稟訴訟，質疑被告從大倉庫買大量存貨（inventory）的做法。
辯解	生產者提出這類協議可保障分銷者的利潤；另一理由是要保護分銷者花費在促銷的費用，亦有以合約自由來為這類合約的存在作辯解。
裁決	John Park 案件使最高法院作出了里程碑的裁決：轉售價格協議本質上一定違反《謝爾曼法》。
其他	在 2007 年，美國最高法院改變了 Dr. Miles 的案例裁定，在合理的原則下，垂直經濟結構下最低廣告價格（minimum advertised pricing）可以被容許的（Leegin Creative Leather Products, Inc. v. PSKS, Inc., Slip Op. No. 06–480）。

美國案例（3）	**新澤西標準石油案（1911）** 妨礙貿易行為　壟斷的定義 **(Standard Oil Co. of New Jersey v. United States, 221 U.S. 1 (1911)）**
背景	俄亥俄州商人洛克菲勒在 1860 年代從事石油生意，並在 1870 年與其他夥伴成立了標準石油。洛克菲勒用收購競爭對手小公司，及利用大公司的優勢，例如較低的運輸成本，令到對手無法競爭。在幾十年的時間內，新澤西的標準石油幾乎收購了全美的石油副產品公司。 政府考慮以《謝爾曼法》控告標準石油，法院面對的問題是普通法內合法的行為，即一家公司收購多家公司，是否違反了這法例。法例的原意是否認為企業變得龐大，就會對競爭產生限制，從而需加以禁止？

裁決	美國最高法院在審查了大量普通法案例，從而找出何謂「妨礙交易行為」（restrain of trade），法院定義合約如有三大後果，就可以歸納為壟斷行為：(i) 更高的價錢，(ii) 減少了生產，及 (iii) 減低了產品的質素。只要有當中一個因素存在，就符合妨礙交易的作用；法院認同標準石油的行為超越了合理原則（rule of reason）。 美國最高法院裁定標準石油使用連串不當及反競爭手法，壟斷了石油工業而罪成。法院結果下令標準公司要分拆為不同的地域性公司，以促進彼此競爭。在 1911 年 5 月 11 日，法庭下令標準石油公司因違反《謝爾曼法》而需解散。
其他	法院的裁定迫使標準石油分拆為三十四間獨立的公司，分佈於全國及海外。標準就是我們今天熟悉的艾克森石油（ExxonMobil）、雪佛龍（Chevron）、康菲石油（ConocoPhillips）等公司的前身。

美國案例 （4）	**美國煙草案（1911）** 收購合併　壟斷　妨礙貿易自由 **（United States v. American Tobacco Company, 221 U.S. 106, 1911）**
背景行為	美國煙草公司在 1890 年由 James B. Duke 合併五家大煙草公司而成，已經形成近乎壟斷式的經營。其時香煙業營利極豐，煙草本身成本甚低，只需數仙一鎊，生產過程的成本，就算不用大型機器生產，也十分低廉。再期望增加利潤的方法，不外乎更大量的生產以減省成本或者減低廣告的支出。
過程及 上訴	1907 年美國煙草公司被指違法，當 1908 年美國司法部控訴公司時，被告名單上出現 65 家公司及 29 名個人的名字。這時美國煙草公司已擴張其壟斷式經營至其他煙草業的範疇，包括塞煙草、吸食煙、鼻煙和小雪茄。反托拉斯的訴訟由紐約的州法院開始，成罪之後提升到最高法院，並有效地引申到所有有關公司。
裁決	美國最高法院裁定美國煙草的合併是妨礙了貿易自由的行為，亦是企圖壟斷煙草業跨州商業運作的行為，因而是違反了《謝爾曼法》。法院下令美國煙草須分拆為四家公司；裁決令下的一天，也正好是下令標準石油須要分拆的同一天。

其他	在 1890 年，美國煙草組成時佔有美國國內香煙市場九成以上，但其比例一直下跌，到 1907 年時只佔 74%。本案中美國最高法院並無嘗試分析有關的經濟問題，也無嘗試選擇引用合理原則（rule of reason），作為經濟標準去衡量公眾利益是否受損害，也沒有就價格、產出、合併、發展等議題作出討論。美國煙草被裁定違反《謝爾曼法》的原因是因為其行為、協議、合約、合併等等行為錯誤。最高法院指示下級巡迴法院設計一個將美國煙草公司的不合法組合（illegal combination）解散，並重新創造（recreating）一個不會違反《謝爾曼法》的市場結構。
美國案例（5）	**聖路易斯鐵路總站案（1912）** 拒絕交易　基要設施原則 **（U S v. Terminal Railway Road Association of ST. Louis, Louis 224 U.S. 383（1912））**
背景行為	聖路易斯的幾家鐵路公司成立一合營企業，稱「聖路易斯鐵路總站公司」，去負責營運橫跨密西西比河兩岸的橋樑及鐵路總站，並徵收一致的過橋費用，但只限合營的有關鐵路公司；這合營企業被質疑是違反了《謝爾曼法》。
裁決	企業的合營本身不違反《謝爾曼法》，尤其當這樣合作帶來重大公眾利益。但當其內在的情況構成阻礙其他合理使用者使用設施，排他性擁有權及控制權，就構成違反法例及妨礙商業運作。法庭裁決是這企業的運作違法，理由是基於地理及地形的特殊情況，其他鐵路公司若不能使用這企業的設施，就不能過橋或甚而進入密西西比。
補救	（ⅰ）補救的做法是以合理條件，對現存或者將來加入的鐵路公司公開；新加入者要公平合理地平分企業的資產利益及負債。另外亦需為其他不參與經營的鐵路公司，以公平合理條件使用總站的設施。 （ⅱ）被拒絕的申訴者要證明設施是被壟斷者所控制，而該競爭者不能合理地或實際上複製這些設施，並且設施擁有者有能力讓申訴者使用這些設施。
其他	此案發展出的法律原為「基要設施原則」（essential facility doctrine）；這一源於美國的「基要設施原則」，已為其他普通法國家及歐盟所採納。香港《競爭法》中歸類在第二行為守則中「拒絕交易」行為。在這原則下，壟斷經營者或擁有市場權勢者，當擁有一對其他競爭者重要的設施之時，有責任在合理的條件下，提供使用設施的方便。

美國案例 （6）	**亞巴拉契亞山煤案（1933）** 訂定價格　分配市場　相關市場定義　消費者得益　合理原則 **（AppalachianCoals, Inc. v. United States, 288 U.S. 344（1933））**
背景行為	亞巴拉契亞煤公司由 137 家煙煤生產商組成，控制了維珍尼亞的亞巴拉契亞山脈區（Appalachian territory of Virginia），包括西維珍尼亞、肯塔基州及田納西州；公司生產了 74% 山脈區的煙煤。生產商作為會員依各公司的生產規模分享了亞巴拉契亞煤公司的擁有權。各生產公司亦交託煤公司為煤生產品的獨家代理商，負責尋找最高價的買家；而若然訂單不足，則將訂單額按比例分配給各煤商。
指控及 裁決	公司被指控違反了《謝爾曼法》第一及第二條，不單妨礙了商貿的自由，也是企圖壟斷了部分的相關的商業活動；地方法院裁決認為這 137 家生產商的排他性合約，本身就是違法（illegal per se）。
上訴	公司提出上訴，而美國最高法院駁回裁決： （i）煤公司成立的目的只是希望解決煤生產規模過大的問題。 （ii）雖然煤公司在區內佔高比例的市場，但連同周邊的地域（surrounding territory）計算，並無過大市場權勢。 （iii）煤公司的產煤量只及其他非被告煤公司多餘產量的一半左右，煤公司並無能力將煤價抬升到競爭水平價格之上，亦所以並無合謀定價的行為。 （vi）這安排令煤價下降，消費者因而得益。
其他	從這案到七年後另一重要案例期間，學者認為美國法院因經濟衰退的現實理由，將自由經濟的重要原則暫時放下了（到了 1940 年紐約美孚真空油案，法院重新肯定價格協議是違反競爭，但指亞巴拉契亞山煤案並非固定價格的卡特爾 price-fixing cartel）。由於並無其他案例正式否定此案，此案被視為支持合理原則（rule of reason）的重要案例，從地方法院審理的記錄中，可找到支持合理原則的事實。

美國案例 （7）	**紐約美孚真空油案（1940）** 訂定價格　協議　合理原則 **（United States v. Socony-Vacuum Oil Co., No. 346（1940））**
背景	在美國上世紀的二三十年代，石油業基本上由兩大組別企業所組成。一方面是垂直整合的大公司，這類企業由鑽探石油，提煉為汽油到設立油站出售給消費者，都一手自行包辦。這類公司包括美孚、標準、歐陸石油、海灣石油、菲利普斯。另一類稱獨立小公司，並無垂直架構，包括煉油商、分銷商及零售商。大公司將石油產品以略高於現貨市場價格，並以長期合約的形式，將石油產品賣給第二類的獨立批發商（jobblers）。 由於 1929 年的經濟大衰退，石油需求大減，每桶石油的價格因而下降 15%。在 1930 年東德克薩斯州發現大片油田，油價下降壓力更大，各州皆立法管制石油生產配額，生產多於配額變成非法，而多出的石油被稱為熱油（hot oil）。獨立的煉油公司將熱油送到市場，雖然熱油只佔總產量百分之五，但也令到油價波動不已。
行為	大公司於是設計出一個卡特爾協議（稱為跳舞夥伴協議 dancing partner agreement），目的是將熱油轉移出市場之外。這是由垂直整合公司的大煉油廠購買了小規模獨立煉油廠的熱油，令到熱油不再進入市場，令石油價格在 1935 年穩定下來；參加協議的公司甚而每星期會議以決定熱油的價格。
裁決及 上訴	（i）在 1936 年尾，美國政府用大陪審員制度提起公訴，指控 27 家公司及 56 個個人，非法合謀固定汽油的價格。審訊用了四個月，審視了萬多頁文件及千件證物，期間陪審員被完全隔離。 （ii）地方法院裁定證據足以支持有罪的指控，但上訴法院否決了裁決，並下令重審，政府成功要求美國最高法院覆核案件。 （iii）最高法院認為這「跳舞夥伴協議」不單會增加石油現貨市場的價格，而且其真正的目的，在於提高汽油經批發商到達消費者時的最終價格。 （iv）本案的裁決雖然清楚，但具爭議性。所謂固定價格協議必然違法的原則，再非牢不可破，而是會與合理原則一併考慮（rule of reason）；這在二十世紀後半段時間的最高法院案例中，反映得很普遍。
其他	這是一件被廣泛引用，並作為肯定訂定價格（price-fixing）協議本身就違法之事（illegal per se）；這一件案亦成為與亞巴拉契亞山煤案（1933）並存，但表面上矛盾的案例。《謝爾曼法》的立法者，並無為任何固定價格協議的組合是否精明、健康或是具破壞性預留取捨的空間；任何協議引至統一僵硬的價格，都被法案列為非法之事。

美國案例 （8）	**美國鋁業公司案（1945）** 何謂相關市場　壟斷 **(United States v. Alcoa, 148 F.2d 416（2d Cir. 1945）)**
背景	美國鋁業（Alcoa）的爭辯之處，是其壟斷的形成過程是誠實的競爭結果，美國鋁業用最有效率的手法贏了所有競爭對手。美國鋁業佔有全美國鋁生產量的 90%，其規模經濟的產能，有力滿足市場需求的增加，兼且能做到品質高而價廉。美國鋁業的絕對優勢，源於其對專利及生產成本的有效控制。
過程	這件在羅斯福總統任內發生的案件，美國司法部指控美國鋁業公司違法壟斷，並要求該公司解散。訴訟由 1938 年底在地方法院開始，Alcoa 原本勝訴；政府上訴，最高法院原本同意聆訊案件，但很多法官因為擁有 Alcoa 的股權，而要求自我喪失資格。最終在 1944 年，由上訴法庭法官同時為法學家的 Learned Hand 負責審理。
裁決	（i）Learned Hand 指 Alcoa 維持壟斷地位的本身，就代表了壟斷化的意圖；企業擁有優勢地位而不去濫用是不可能的。這說法等同說明了壟斷本身的事實就已經犯法。 （ii）法院所強調的是市場結構而不是看市場行為，也不管行為的目的與結果。Alcoa 如何變得壟斷的過程也並不相關。 （iii）法官指出 90% 足以構成壟斷；若然 60 到 64% 的市場佔有，則是否算壟斷是有疑問的；但若然是 33% 則肯定不是。 （iv）若問 Alcoa 是否一個好的壟斷者，或是例如美國煙草般是壞的壟斷者，法官說不會寬恕好的或是責備壞的壟斷者，而是會一併禁絕之。 （v）法院頒下解體令，要公司分拆，並維持法庭監管權力五年，以保證壟斷的情況不會重現。
其他	這案子重要之處是有關如何定義一個市場的討論，更重要則是何謂據《謝爾曼法》第二條所指的「壟斷」作出指控。

美國案例 （9）	**國際鹽業案（1947）** 搭售及捆綁銷售 **（International Salt Co. v. United States, 332 U.S. 392（1947））**
背景行為	被告是一間稱為國際鹽業的公司，是美國跨州最大工業用鹽的生產者。公司擁有一處理鹽及混合鹽到不同食品的機器的專利，公司要求顧客在租用該機器的同時，要購買由同一公司所出產的鹽或鹽粒，並只能使用這些由被告提供的鹽去生產食品。美國政府指控這樣的搭售安排，是違反競爭的行為。
辯解	公司的答辯，則爭論要維持這機器的品質，就必須一併使用該公司生產的鹽，而使用不符品質的鹽，會破壞這部機器。
裁決	（i）法庭裁定這是違反競爭的行為，產品需符合一定品質的說法不能成立，因為應讓消費者（機器租用者）有機會去證明，市場上亦有其他符合品質的鹽；並無證據顯示，機器會對同樣品質，但非公司生產的鹽有不能適應的問題。 （ii）公司一直都享有競爭上的優勢，雖有條文保障租用者，在鹽價下降時，可付較低鹽價，但法庭認為這樣的協議仍然是妨礙競爭的。
其他	從這案件開始，美國最高法院表明據《謝爾曼法》，搭售（tying）的交易行為可以是本質上違法的。更準確的情況是當賣方擁有一法律上的壟斷地位（專利），而要求買方附帶購買一些並無專利的產品之時，一定違法。

美國案例 （10）	**布朗鞋業案（1962）** 搭售　壟斷　收購合併　相關市場 **（Brown Shoe Co. v. United States, 370 U.S. 294（1962））**
背景行為	在 1956 年，全美第四大製鞋公司布朗鞋業（Brown Shoe Co.），宣佈與全美第十二大製鞋商，同時也是最大鞋業連鎖店公司金尼（Kinney）以股權互換方式合併。Brown 佔有美國全國市場鞋業製造的 5%，並佔零售的 1%；Kinney 為鞋零售商，佔市場 1%，同時亦佔全國鞋類生產的 0.5%。兩間公司合併後，佔有的市場率只及鞋類市場的 6%。

裁決	政府提起訴訟，指兩個企業的合併可能會製造壟斷，包括在生產、分銷及零售，產生嚴重減低競爭的效果。美國最高法院也承認合併對消費者有利，但認為金尼公司可能因而只會銷售布朗公司的產品，這會成為一種變相的搭售協議的垂直安排，令其他中小型製鞋商跟布朗鞋業無法競爭；這違反了《克萊頓法》第七條。最高法院以 7 比 0 作出肯定東密蘇里地方法院裁決的決定，地方法院認為在一些地域性市場，由於合併後的垂直整合作，合併公司對鞋的供應有絕對性的大多數控制能力（overwhelming majority）。
其他	本案中法院明確地拒絕以「效率」作為辯護的理由；華倫法官更在判詞中強調《克萊頓法》保護的是競爭，而不是競爭者。

美國案例 （11）	**施文公司單車市場分配案（1967）** 市場瓜分　訂定價格　垂直結構下的合理理由　特許經營　獨家經銷 **(United States v. Arnold, Schwinn & Co., 388 U.S. 365（1967）)**
背景行為	阿諾德－施文公司是領導市場的單車生產商，在 1951 年時佔全美國單車市場的 22%，在 1961 年時比例下跌到 12.8%。施文提出計劃，所有分銷商及零售商都要參加；計劃包括由施文公司直接用船運單車給零售商，並加強信貸額給中間人的分銷商。施文分配不同地域給其批發分銷商，分銷商則受指示只賣單車給地域之內的指定特許零售商。
原審	地區法院不同意訂定價格（price-fixing）的指控，認為施文的特許制度公道合理，但認為地域限制基本上違法。政府要求美國最高法院，就施文計劃所依賴的合理原則作出裁定，指這計劃不合理地限制了交易自由。
最終 裁決	這是一件民事訴訟，政府指稱上訴人用連續性的串謀行為，去訂定價格，去分配地域市場給不同的批發商，及對特許零售商實行某些經營限制，是違反《謝爾曼法》第一條的行為。最高法院裁定： （ⅰ）施文計劃只增加了自己的利益（promotion of self interest），本身不能依賴合理原則去合理化違法行為。 （ⅱ）當分銷商已經購買單車後，一方面在地域上限制分銷商的業務範圍，另一方面要求分銷商把單車只賣給特許的零售商，是不合邏輯及不一致的安排（illogical and inconsistent）；法庭下令分銷商對已購買的單車，有權自由出售給任何人。 （ⅲ）企業並不能因為有其他商人在競爭生意，而讓特許計劃的存在變成合理。若施文保留貨品的物權（ownership），而分銷商只是代理人或推銷員的角色時，施文的特許經營計劃則不算不合理地妨礙了交易自由。

其他	在很長時間內，不少生產商對其產品的分銷商都施加一定的限制，在之前的一些案例中，生產商曾依賴合理原則（rule of reason）得到豁免。但在本案中，美國最高法院重申，在一些垂直結構下的限制，其存在本身就基本上違法（illegal per se）。

美國案例 （12）	**歐陸電視對通用電話案（1977）** 特許經營　合理原則　獨家經銷或客分配協議　拒絕交易 **（Continental Television v. GTE Sylvania, 433 U.S. 36（1977））**
背景行為	西維尼亞通用電話公司（GTE-Sylvania）在面對營業額的下跌，嘗試減少西維尼亞特許經銷商的數目，並要求特許商在指定地域內只能出售其電話。歐陸電視是一間被裁減的特許經營商，其提出違反《謝爾曼法》的民事訴訟。
原審	由於「施文公司單車市場分配案」中美國最高法院的裁決，使這類協議基本上違法，歐陸電視似有勝算。地方法院根據基本上違法原則，判通用電話公司敗訴，陪審團認為地區限制協議，違反了《謝爾曼法》第一條。
上訴裁決	但這次最高法院間接否決了接受施文案為先例，認為兩案是可區分的（distinguishable）；認為通用電話所作的限制，並不會太過損害競爭，並裁決這樣的商業運作，需依據合理原則（rule of reason）作出分析。所謂基本上違法行為原則（per se illegal rule），只應適用於明顯違反競爭的行為。在本案中，通用電話是否違法，應視乎是否有不合理地妨礙交易自由的協議，從而引致競爭的消失及失去效率的情況。
其他	本案被認為是芝加哥經濟學派在反競爭法例的執行中，發揮了更大的影響力；亦反映美國司法運作受實用主義的影響，出現兩條原則並存的現象。

美國案例 （13）	**美國及歐盟航空公司「貨運收費合謀」案（2012）** 合謀價格　搭售及綑綁銷售
背景	自 1999 年，世界各大航空公司進行秘密協商，單方面宣佈提高國際航空貨運燃油附加費。這引起歐美有關反競爭部門的關注，從 2006 年開始，美國和歐盟分別對上述價格壟斷行為採取更廣泛的立案調查，並得出航空公司構成價格壟斷的結論。部分託運人在美國和英國提起民事索賠訴訟。

美國裁決	美國司法部（The US Department of Justice）於 2007 年 8 月作出裁決，宣佈對英國航空公司（British Airways）的調查結果： （ⅰ）英航同意就針對其涉嫌「共謀」操縱航空燃油附加費價格和妨礙交易的兩項指控，與美國司法部達成「訴辯協讓」。 （ⅱ）英航表示認罪，美國對英航罰款 3 億美元。 （ⅲ）在 2008 年 9 月 30 日，美國司法部宣佈英航貨運公司責任人，因參與和實施公司價格壟斷行為，對其處以 8 個月監禁和 2 萬美元罰款。
歐盟裁決	（ⅰ）在 2010 年 11 月，歐盟認定航空公司於貨運收費進行合謀壟斷，決定對 14 家航空公司進行處罰，罰款總額為 799,445,000 歐元。 （ⅱ）2011 年 1 月，13 家航空公司向歐盟最高法院提起上訴。 （ⅲ）2012 年，上訴法院維持歐盟委員會的裁決。
其他	同時，在美國共有 19 家其他航空公司（包括 British Airways，Korean Airlines，Qantas Airways，Japan Airlines，Martinair Holland，Cathay Pacific Airways 等）被處罰，罰款共計 16 億美元；另有三名公司高管人員被判處監禁。美國和歐盟的行政調查結論，是進一步民事賠償訴訟的前提和依據。

13.3　中國內地案例（共 5 案例）

中國內地案例（1）	**中國「一汽大眾銷售 / 奧迪經銷商」案（2014）** 訂定價格　維持轉售價格　搭售
背景	中國執行《反壟斷法》有三個部門：工商總局主要管濫用市場支配地位進行搭售、附加不合理條件的行為；發改委監管價格方面的壟斷行為；商務部則管企業併購合併的壟斷問題。中國早有反競爭的法例，現時主要的法例是訂立於 2008 年 8 月的《反壟斷法》，主要也是參考歐盟的條例。歐美反競爭觀念如排除、限制競爭的協議，決定或其他協同行為等，皆包括在內。還有禁止固定價格、限制生產、分割市場、限制新技術開發、聯合抵制交易、濫用市場支配性地位等行為，中國的《反壟斷法》在這些方面已大致與西方社會看齊。

過程	（i）一汽大眾銷售部及部分奧迪經銷商，被指觸犯的是《反壟斷法》第十四條，這一條是禁止經營者與交易相對人達成限制第三者轉售商品的最低價格或固定其價格，這是壟斷協議的一類。 （ii）湖北省物價局據規定，對一汽大眾判以罰款相等於其在 2013 年度相關市場銷售額的 6%（最高為 10%）。 （iii）自 2014 年始，發改委針對汽車行業的反壟斷調查還包括奧迪、奔馳、寶馬、廣汽豐田、廣汽本田等車廠。 （iv）對汽車及配件的壟斷調查，在 2011 年底已經開始，被調查的行為包括：進口車價格虛高、售後市場零件供應渠道壟斷，以及車廠與分銷店限價限區域銷售。 （v）簡而言之，汽車製造商控制了中國的零件市場和售後服務，消費者要付出更高的價格。汽車生產企業只售零件予其授權的經銷商，迫使分銷商需要承擔維持汽車和零件庫存的負擔。
裁決	在 9 月 11 日，國家發改委公佈對一汽大眾銷售及部分奧迪經銷商因其在湖北省內實施價格壟斷行為作出處罰，一汽大眾罰款 2.49 億元人民幣，八家奧迪經銷商罰款共 2,996 萬元。
其他	發改委不單是調查汽車市場，2014 年發改委對微軟、奶粉、水泥等多個行業展開調查。其中針對了微軟公司對其 Windows 作業系統和 Office 軟件相關資訊沒有公開、有關相容性問題，還有搭售、文件驗證等問題，都違反了《反壟斷法》。美國商會則在 9 月 8 日發表報告，敦促美國政府就中國政府打擊壟斷用力過猛的問題，向世界貿易組織投訴，報告指「中國歧視性地執行反壟斷法，其方式不符合世貿組織的承諾」。中國政府則列出數字，針對外企的調查只算少數，堅稱執法是一視同仁。

中國內地 案例（2）	**中國乳製品市場「價格壟斷」案（2013）** 訂定價格
背景	根據中國乳製品工業協會 2012 年底數據顯示，全球平均奶價為每千克人民幣 249 元，歐盟為每千克人民幣 278 元，美國為每千克人民幣 290 元，而中國則達每千克人民幣 333 元。由於價格相對偏高，奶企營利非常可觀。 外資奶企在亞洲區的收益不斷增長，以美贊臣為例，其亞洲和拉美地區 2012 年銷售收入約 27.2 億美元（年增長 11%），遠遠拋離其歐美市場 2.46 億美元收入。在 2013 年第一季度中，亞洲和拉美地區淨收入佔美贊臣總收入 73%。

行為	（i）自 2008 年三聚氰胺事件後，外資奶粉品牌控制了一、二線城市七成以上的市場份額，亦差不多每年也出現外國奶粉漲價潮。根據國家發改委反壟斷局調查二處測算，自 2008 年三聚氰胺事件以來，國內主要品牌奶粉價格平均上漲約 30%。由於外資奶粉品牌在國內高端奶粉市場擁有很大的話語權，價格不斷提高，使中高端奶粉的毛利率超過 60%。 （ii）國內奶企亦同樣在市場中分一杯羹，以合生元為例，2012 年年報中顯示，全年營業收入人民幣 33.82 億元（年增長 54.5%），淨利潤人民幣 7.43 億元（年增長 40.9%）。 （iii）當局在調查過程中發現，涉案企業採用合同約定、直接罰款、變相罰款等手段控制下游經銷商漲價，導致大品牌奶粉價格居高不下。 （iv）加上經銷商由於無法通過價格競爭獲得利潤，所以很多經銷商向涉案企業要求高利潤保障，致使銷售渠道大受限制和費用高漲（銷售渠道費用佔售價比高達 20%－40%；國外其他地方一般為 4%－14%）。種種因素下，使國內主要品牌奶粉價格不斷上升。
過程	自 2013 年 3 月，「國家發改委價格監督檢查與反壟斷局」根據舉報，對合生元、美贊臣、多美滋、雅培、美素佳兒、恒天然、惠氏、貝因美、明治等國內外奶粉生產企業進行反價格壟斷調查。

法例	（ⅰ）根據《中華入民共和國反壟斷法》第 13 條禁止「橫向壟斷協議」：「本法所稱壟斷協議，是指排除、限制競爭的協議、決定或者其他協同行為。」根據調查結果，奶粉生產企業的這種價格上漲可能同時構成縱向和橫向壟斷。 （ⅱ）據報道，發改委已經注意到近幾年在嬰兒配方奶粉行業的一個可疑趨勢，即一旦某一家嬰兒配方奶粉生產商提高奶粉價格，其他嬰兒配方奶粉生產商也會跟進提高奶粉價格，而且不同的生產商會輪流發起漲價。如果上述情況得到證實，這種潛在的共謀行為有可能會構成以協同方式限制或消除競爭。 （ⅲ）《反壟斷法》第 14 條所禁止的固定轉售價格，或者設定最低轉售價格的行為。對奶粉生產企業的指控包括要求經銷商以不低於生產商規定的最低價格出售產品，低於規定的最低價格銷售他們的產品，則會受到相應的懲罰。由於這種限制轉售價格的做法可能限制相關市場的競爭，損害消費者的利益，從而構成《反壟斷法》第 14 條項下的縱向壟斷。 （ⅳ）中國《反壟斷法》規定，對存在價格壟斷和價格操縱的企業處罰額度為上一年銷售額的 1%－10%。此前反壟斷處罰一般是按上一年銷售額的 1% 罰款。 （ⅴ）而對主動配合、提供證據和信息的企業免除罰款，是鼓勵企業提供相關違規資料，揭發企業違規行為，有利於企業之間的合法、公平、正當競爭，以及政府執法。
裁決	（ⅰ）罰款—在 2013 年 8 月 7 日，國家發改委對六家存在價格「合謀」的奶粉生產企業作出懲罰（以上年銷售額人民幣計算）： 合生元—1.629 億元（6%，此乃最高罰款比例，因其嚴重違法，且不積極改善） 美贊臣—2.0376 億元（4%） 多美滋—1.7199 億元（3%） 雅培—0.7734 億元（3%） 美素佳兒—0.4827 億元（3%） 恒天然—0.0447 億元（3%） （ⅱ）惠氏、貝因美及明治因配合調查、提供重要證據，並積極主動整改，所以免除處罰（涉及「寬待協議」）。

其他	改善措施： （ⅰ）在發改委處予懲罰之前，各奶粉生產商開始宣佈降價（7月3日），希望得到較輕的懲罰，平均降價 11%。 （ⅱ）合生元和美贊臣均表示，會及時支付罰款，不會提出行政訴訟或者抗辯。 （ⅲ）遭到處罰之後，奶粉價格已慢慢下降，奶粉的銷售渠道更暢通，有利於奶製品市場和企業之間的公平競爭，消費者會從中受益。

中國內地 案例（3）	上海「黃金飾品行業協會」「價格壟斷協議」案（2012） 合謀定價格
背景	上海「黃金飾品行業協會」曾於 2007 年 7 月、2009 年 1 月及 10 月、2010 年 2 月、2011 年 11 月多次召開會議（會員包括老鳳祥銀樓、老廟、亞一、城隍珠寶、天寶龍鳳等金店）。
行為	會議商議制定《上海黃金飾品行業黃金、鉑金飾品價格自律實施細則》，約定了黃、鉑金飾零售價的測算方式、測算公式和定價浮動幅度。上述五家金店依據《價格自律細則》，在規定的浮動範圍內制定公司黃、鉑金飾零售牌價，操縱黃、鉑金飾物價格；損害了其他經營者和消費者的合法權益。
法例	中國《反壟斷法》第十六條規定，行業協會不得組織本行業的經營者從事《反壟斷法》禁止的壟斷行為。
裁決	（ⅰ）法庭鑒於行業協會在組織各金店達成及實施壟斷協議中起到了主導作用，情節較重，社會影響較大，依法對其處以最高 50 萬元罰款。 （ⅱ）至於老鳳祥銀樓、老廟、亞一、城隍珠寶及天寶龍鳳五家金店，則違反了《反壟斷法》第十三條，關於禁止與具有競爭關係的經營者達成固定或者變更商品價格的壟斷協議的規定。 （ⅲ）法庭考慮五家金店在調查前已主動停止了違法行為，在調查過程中積極配合，並承諾改善，依法判決罰款，相等於上一年度相關銷售額的 1%，合共人民幣 10,093,700 元。

其他	改善措施： （ⅰ）上海「黃金飾品行業協會」及上述五家企業目前均已提出具體整改措施。 （ⅱ）協會承諾將通過全體理事大會深刻檢討錯誤，並發文徹底廢除《價格自律細則》，從此不再組織「價格自律」相關會議。 （ⅲ）五家金店也表示將對沿用多年的價格機制進行反思和改進，並承諾今後不再參與任何協會組織商議價格的活動與會議，也不會與具有競爭關係的其他金店商討涉及價格的議題，執行企業依法自主定價。
中國內地案例（4）	**山東濰坊「順通醫藥」控制「復方利血平」原料藥案（2012）** 壟斷市場　合謀定價
背景	「復方利血平」是列入國家基本藥物目錄的抗高血壓藥，全國目前有超過千萬高血壓患者長期依賴此藥，年消費量約為 80 至 90 億片；目前中國僅有兩家企業生產「復方利血平」的主要原料藥「鹽酸異丙嗪」。
行為	2011 年 6 月 9 日，山東順通和山東華新分別與兩家「鹽酸異丙嗪」生產企業簽訂《產品代理銷售協議書》，完全壟斷了「鹽酸異丙嗪」在國內的銷售。 協議書內容主要有： （ⅰ）兩公司分別獨家代理兩家企業生產的「鹽酸異丙嗪」在國內的銷售；及 （ⅱ）未經過山東順通和山東華新授權，這兩家企業不得向第三方發貨。 兩公司控制原料藥貨源後，立刻將銷售價格由每公斤不足 200 元提高到 300 至 1,350 元不等。多家「復方利血平」生產企業無法承受，被迫於 2011 年 7 月停產；目前僅靠庫存向醫療機構維持供貨，市場出現供應緊張情況。
過程	在 2012 年底，國家發改委對山東順通和山東華新非法控制「復方利血平」原料藥，抬高價格、牟取暴利，致相關製藥企業停產的情況進行了調查，並作出嚴厲處罰。發改委認為該兩家山東公司違法行為情節嚴重。

裁決	（ⅰ）國家發改委對山東順通沒收違法所得 37.7 萬元，並處罰款 650 萬元，合計 687.7 萬元；對山東華新沒收違法所得 5.26 萬元，並處罰款 10 萬元，合計 15.26 萬元。 （ⅱ）國家發改委依據《反壟斷法》的規定，責令山東兩公司立即停止違法行為，解除與「鹽酸異丙嗪」兩間生產企業所簽訂的銷售協議。
其他	國家發改委強調，經營者應當嚴格遵守《反壟斷法》、《價格法》等法律法規，不得濫用壟斷地位，實施價格壟斷行為，排除、限制競爭，抬高價格，牟取暴利，損害消費者利益。

中國內地 案例（5）	**銳邦起訴強生固定轉售價案（2013）** 最低轉售價格
背景	（ⅰ）北京銳邦涌和科貿有限公司（「銳邦」）在上海第一中級人民法院對強生（Johnson and Johnson）（上海）醫療器材有限公司和強生（中國）醫療器材有限公司提出民事訴訟。 （ⅱ）銳邦作為強生吻合器及縫線產品的經銷商（雙方有十五年合作關係），在經銷合同內，強生授權銳邦在北京向其指定經銷區域中的醫院銷售強生有關產品，而銷售價格不得低於強生指定的最低轉售價格。 （ⅲ）強生發現銳邦在一次競標中降低銷售價，因而獲得非授權區域的訂單；強生扣除了銳邦的保證金，取消了銳邦在部分醫院的經銷權，並最終終止向其供貨。
行為	在 2010 年，銳邦對強生提出起訴，認為強生訂定最低轉售價條款，違反了《反壟斷法》第 14 條第（2）項的規定，要求強生賠償 1,440 萬元人民幣的損失。
裁決	（ⅰ）在 2012 年 5 月，上海一中院作出一審判決，因原告未能證明上述協議產生排除、限制競爭等效果，判決銳邦敗訴。 （ⅱ）銳邦向上海高院提出上訴；在 2013 年 8 月，上海高院作出終審判決，撤銷原審判決，決定強生賠償銳邦經濟損失 53 萬元人民幣，駁回銳邦的其他訴訟請求。 （ⅲ）上海高院明確了以下幾項考慮因素： 　—相關市場競爭是否充分（首要條件）； 　—被告市場地位是否強大（前提和基礎）； 　—被告實施限制的動機（重要因素）； 　—限制最低轉售價的競爭效果。

| 其他 | （i）在縱向協議反壟斷民事訴訟中，法庭認為原告具有較重要的舉證責任。
（ii）這案雙方都有委託經濟學專家提供經濟分析，這對最終判決起到一定影響。
（iii）在發改委關於反壟斷調查中例如茅台、五糧液案，其對此類縱向協議採取嚴厲的執法態度。 |

13.4　香港案例（共 3 案例）

香港案例 （1）	**香港 TVB「壟斷藝人」案（2013）** 濫用相當程度的市場權勢
背景	在 2009 年 12 月 10 日，亞洲電視正式向「通訊管理局」（前廣播事務管理局及通訊管理局，自 2012 年 4 月 1 日起重組成為「通訊事務管理局」）投訴無線電視，指無線電視與藝人和歌手所簽合約的部分條款，以及無線電視部分非正式政策和做法，違反《廣播條例》中違反競爭的條文。
行為	亞洲電視根據《廣播條例》（第 562 章）第 13 和 14 條，投訴無線電視的違反競爭行為包括： （i）壟斷藝人 　　—單方面延長藝人的合約期； 　　—獨家合約載有苛刻和不合理的條款； 　　—要求聘用無線電視藝人的電影公司承諾，不會向香港其他電視廣播機構出售有關影片； 　　—禁止藝人在有份參與的內地製作劇集使用原聲，及出席有關劇集在香港舉行的宣傳活動；及 　　—禁止與無線電視簽訂部頭合約（serial-based contracts）的藝人，為其他電視台宣傳其有份參演的製作。 （ii）限制藝人使用的語言。 （iii）以各種手法窒礙公平競爭，包括： 　　—安排同為四川地震籌款的節目於同一時間播映； 　　—不准非無線電視藝人於無線電視的直播節目「演藝界 512 關愛行動」亮相； 　　—於 2008 年奧運會取得某運動員的優先訪問權； 　　—不成文的封殺政策；及 　　—不公平的廣告推銷手法。

過程	「管理局」就有關投訴展開初步調查，並於 2010 年 8 月 28 日宣佈決定全面調查亞洲電視投訴所指的部分合約條款和政策，並委託政府經濟顧問，界定相關市場和衡量無線電視的市場力量，並訂立一套經濟分析架構，以評估無線電視的行為所帶來的效果。
辯解	（ⅰ）亞洲電視的投訴缺乏理據，無線電視認為通訊局的指控令人失望、遺憾和沒有根據。 （ⅱ）無線電視是香港影視圈人才培訓搖籃，多年來培育過多位歌影視紅星，其中不少蜚聲國際，為香港人爭光，此驕人的成績，都是建基於公司的優良政策和大量的投入資源。 （ⅲ）外間從事歌影視而非無線電視的合約藝人多不勝數，無線的藝員政策毋礙其他電視台運作和整體行業發展。
裁決	（ⅰ）通訊事務管理局裁決： ──無線電視在 2007－2010 年間，作出以下的行為，乃違反《廣播條例》第 13（1）條和第 14（1）條： ──禁止無線電視現有「部頭合約」、「一演出合約」或歌手合約的藝人或歌手，在香港其他電視台亮相或提供服務，或規定這些藝人或歌手，必須就此徵求無線電視的同意或給予通知； ──禁止無線電視現有「部頭合約」或「一演出合約」的藝人，在其他電視台亮相時使用原聲，或為參演的電視節目和劇集製作出席其他電視台的宣傳活動，或規定這些藝人必須就此徵求無線電視的同意；以及 ──正式或非正式規定其歌手和藝人，不可在香港其他電視台使用廣東話。 （ⅱ）「管理局」認為無線電視各項獨家條款，包括不可使用原聲、不可宣傳和不可使用廣東話的政策，削弱其他電視台與無線電視競爭的能力；因此有防止、扭曲或在相當程度上限制相關市場的競爭的目的和效果。這實際上和有能力妨礙競爭對手合理使用製作電視節目的必要資源。 （ⅲ）這種妨礙競爭對手的行為，導致競爭對手提供的節目質素下降，對作為最終消費者的電視觀眾，已造成並有可能繼續造成極大損失。 （ⅳ）對於上述的違規事項，「管理局」向無線電視施加 90 萬元罰款。在釐定罰款額時，「管理局」已考慮無線電視的陳述、違規事項的嚴重性（包括所涉及的範圍和時間）。

其他	（i）「管理局」根據《廣播條例》第 16 條，指示無線電視即時停止上文的違規事項，及不得重複或作出與上述的違規事項具有同樣目的或效果的行為。 （ii）無線電視已單方面採取行動，移除續簽的歌手合約內某些「排他性條款」，以及同意不再與藝人簽訂或續簽「一演出合約」。
香港案例 （2）	**香港電訊收購 CSL 案（2014）**
背景	（i）在 2013 年 12 月，香港電訊有限公司宣佈計劃以 24.257 億美元（約 188.67 億港元）收購新世界發展與澳洲 Telstra 於香港合資的流動通訊業務（即香港移動通訊 CSL）。 （ii）香港電訊全資擁有 Hong Kong Telecommunition（HKT）Limited（「HKT」），其是根據《電訊條例》提供固定和流動電訊網絡服務。 （iii）CSL（CSL New World Mobility Limited）則全資擁有香港移動通訊有限公司（「香港移動通訊」），其是根據《電訊條例》提供流動電訊網服務。
過程	（i）就香港電訊該收購的有關申請，通訊局根據《電訊條例》第 7P 條，於 2013 年 12 月 23 日至 2014 年 2 月 4 日進行公眾諮詢，邀請受影響人士提出申述。 （ii）通訊局委任國際經濟顧問公司（London Economics）進行競爭分析（報告部分於 2014 年 4 月公開發表）。

裁決	（ⅰ）根據委託國際經濟顧問的立場分析結果，HKT/CSL 的總收入、頻譜和總客戶市場比例，都略低於 40%；而通訊局有關指引是依據 40% 作為是否產生「大幅減少競爭效果」（substautially lesseninng of competition）的考慮。 （ⅱ）但是，當顧問公司進一部分析電訊零售市場各重要環節時，就發現當 HKT/CSL 合併後，其在 3G/4G 客戶數量和數據的使用量方面，市場佔有率就超過 40%。這些市場正是未來市場的發展重點，因此，新合併企業將有更大的市場優勢。 （ⅲ）通訊局於 2014 年 5 月宣佈有條件批准香港電訊收購 CSL 的交易，該等條件的目的是消除收購對電訊市場競爭的不利影響，主要包括： —新公司需向通訊局交回 29.6 比赫 3G 頻譜，並於五年內不會競投 3G 的新頻譜。 —新公司五年內若關閉任何基站，需要 90 天前通知通訊局及其他營運商。 —新公司必須依據現有合約提供三年批發網絡給流動虛擬網絡經營商（Mobil Virtual Network Operators）。 —香港電訊必須繼續履行中移動使用其 3G 網絡系統的合約。
其他	（ⅰ）通訊局收到 27 份申訴書，其中都涉合詳細的經濟分析。 （ⅱ）九倉電訊對裁決示表示失望。 （ⅲ）裁決顯示 40% 市場佔有率是裁決的重要參考指標，但不是唯一的參考指標和絕對的；市場的定義也是關鍵因素，經濟分析是重要的參考論據。

香港案例（3）	**「航運協議」申請「集體豁免」（2016）**
背景	（ⅰ）香港定期班輪協會（Hong Kong Liners Shipping Association）於 2015 年底根據《競爭條例》第 15 條，向競委會申現「集體豁免」其兩類協議：「自願討論協議」（voluntary discussion agreements）和「船舶共用協議」（vessel sharing agreements）；這類橫向的協議，是受到《競爭條例》所監管的。 （ⅱ）競委會於 2016 年初進行公眾諮詢。

裁決	（i）在 2016 年 9 月，競委會公佈了對這項申請的初步決定，再進行兩個月的諮詢；在 2017 年 3 月，最終決定的考慮仍在進行中。 （ii）競委會在審核有關申請時，會依據《競爭條例》第 30 條訂明在「附表 1」的條件進行研究，除了檢視該商業行為能否帶來經濟效益外，同時會考慮消費者能否公平分享成果，以及嚴重消除競爭。 （iii）初步決定認為「船舶共用協議」有利改善經濟效率，服務使用者亦能直接得益，因而建議發出豁免。但為確保市場仍有一定競爭力，「豁免」協議的市場佔有率上限則定在 40%；並要求設立離場機制，防止有成員因退出協議而受到不公平的對待。 （iv）競委會認為「自願討論協議」主要是讓成員討論航線的定價、服務條款及交換其他市場資料，這明顯是違反「第一行為守則」；該等協議不獲競委會「豁免」。
辯解	（i）協會嘗試證明定價討論有助穩定運費，有經濟效益。 （ii）協會認為定價指引有助提高船運公司收費的透明度，令消費者得益。 （iii）競委會認有關論據理論基礎薄弱，亦沒有確實數據支持。
其他	（i）這案例確立了在「豁免」的申請中，舉證的責任主要具落在申請人身上。 （ii）競委會透過這案例，較詳細解釋其審批的經濟準則，能消除其執行對市場的不確定性。

13.5　澳洲案例（共 2 案例）

澳洲案例 （1）	**澳洲 Safeway「採購麵包」案（2003）** 濫用市場權勢
背景	在 1994－1995 年間，Safeway 是澳洲維多利亞省三家麵包供應商的最大買家，而這三家供應商，亦會供貨予一些出售麵包的獨立零售店舖。
行為	Safeway 若發現附近的獨立店舖減價出售這些麵包時，便會停售這些麵包，並把有關產品下架，及拒絕再向這三家麵包供應商採購麵包。可是，當這些獨立零售店舖停止減價後，Safeway 便會恢復向供應商採購麵包。

過程	澳洲競爭法的監管機構在收到投訴及調查後，於 1996 年向 Safeway 提出訴訟，指該公司企圖壓迫這三家麵包供應商（Tip Top、Buttercup 和 Sunicrust）採取行動，令獨立零售店舖停止減價，而有關行為，可能濫用了 Safeway 的市場力量。Safeway 激烈抗辯，並在首場訴訟勝訴，但其後監管部門上訴得直，來來回回，整宗案件要到 2003 年才審結，Safeway 結果被重罰 890 萬澳元，創出當地違反競爭法案例的最高罰款。
裁決	（ i ）上訴庭認為，Safeway 在當地的麵包批發市場有強大市場力量，可以拿到一些在充分競爭市場中爭取不到的條款，例如 Safeway 永遠能以最佳價錢採購。這股影響力，也建基於 Safeway 是這幾家麵包供應商的最大買家；而這些供應商又有過剩產能，意味 Safeway 若大量減少採購，供應商並無其他大買家可以「投靠」。 （ ii ）Safeway 在當地的麵包批發市場只佔有 16%，但上訴庭仍認為 Safeway 擁有強大市場力量。 （iii）法院的判決認為，Safeway 若非覺得有能力令麵包供應商屈服，也不會採取有關策略；因為這樣安排只會長期減少其總生意額，對自己也有害無利。
其他	這一訴訟，前前後後經歷一共十年。如果說這是《競爭法》的一次勝利，也只能說是慘勝。事實上，這案例說明了，要檢控大企業的反競爭行為並不容易，因為大企業打官司的資源充裕，而要舉證大企業「濫用其市場支配地位」亦困難重重，既要證明有關行動會損害供應商，還要不利消費者及導致減少競爭。

澳洲案例（2）	澳航及捷星申請聯營協議案（2013） （Qantas and Jetstar – Authorization – A91314 & A91315）
背景	（ｉ）澳航及捷星（澳航全資擁有捷星）在 2012 年 6 月向澳洲競爭及消費者委員會（Australian Competition and Consumer Commission）提出一項申請，這涉及一項聯營合作的協議。 （ii）在這協議下，澳航及捷星將全面協調與其聯營航空公司和合作夥伴航空公司的重要決定，包括（a）網絡發展；（b）航班時間；（c）票價和其他收費，（d）市場推廣；（e）採購；（f）客戶服務，和（g）資源管理等。 （iii）這協議包括以下各航空公司： 　　—澳航、捷星、捷星亞洲（新加坡）、捷星太平洋（越南）、捷星日本和捷星香港。 　　—日本航空、越南航空和中國東方航空。 　　—並包括未來有關的夥伴航空公司。
裁決	在 2013 年 3 月，澳洲競爭及消費者委員會批准了有關的聯營協議，直至 2018 年 3 月 31 日為止，主要原因為： （ｉ）協議使「集團」的經營更有效率，對消費者有利； （ii）協議會引起的損害非常少； （iii）有關航空公司之間的競爭原本就不大；及 （iv）有關的合資航空公司與其不同的股東航空公司之間，亦沒有競爭關係。
其他	（ｉ）國泰航空公司在諮詢其間提交了反對書，認為澳航並沒有解釋如何處理航線重疊的問題。 （ii）在 2012 年，捷星香港向香港申請作為香港本地航空公的牌照。在 2015 年，香港空運牌照局認為捷星香港不符合《基本法》第 134 條有關以香港為主要營業地的要求，拒絕了牌照的申請（據悉香港政府參考了這有關的協議，證明了捷星香港最終是受澳航所控制的，並不是一間獨立的航空公司）。

13.6　新加坡案例（共 2 案例）

新加坡案例（1）	**新加坡女傭介紹所「協議」案（2012）** 合謀定價
背景	新加坡十六家「女傭介紹所」，協議調高印度尼西亞女傭薪金而觸犯競爭法。競爭局指出，這十六家公司名列介紹女傭人數最多的二十家介紹所排行榜內，他們操縱女傭薪金的做法，將影響市場工資。競爭局是自該年 1 月份，媒體報道女傭介紹所協商制定女傭薪金後，對這十六家公司展開調查。
行為	新加坡大型女傭介紹所力業女傭集團（Nation Employment Pte Ltd）和安利康女傭中心（Best Home Employment Agency），於 1 月 16 日召集另外十四家公司的負責人，在吉寶俱樂部開會，商討並協議把印度尼西亞女傭薪金從大約 380 元調高到 450 元。他們聲稱，此舉是為了吸引更多印尼女傭來新工作，解決女傭荒問題。
法例	競爭局在掌握這些公司觸犯《競爭法》第 34 節條文的證據後，於 5 月份向涉案公司發出違規（競爭法令），裁定提案（proposed infringement decision, 簡稱 PID）。競爭局說在競爭法令下，這種目的在於直接或間接合謀定價的會議或討論，是不被允許的。
裁決	當中的十二家公司向當局遞交陳情書，另有四家沒有提出辯解，願意接受罰款。競爭局在檢討十二家公司的陳情書後，根據違法公司的營業額和調查時的配合度計算罰款：包括 Comfort Employment、Jack Focus Management 在內的五家小型公司，必須支付 5,000 元的罰款；力業女傭集團（Nation Employment）的罰款最重，達 42,317 元。所有罰款數額低於公司上年度營業額的 1%。
其他	改善措施： （ⅰ）受罰公司已向當局呈交保證書，承諾不會再參與合謀定價活動，並會自行制定女傭工資。 （ⅱ）有些參加協商會議的公司聲稱是被動的，有些甚至不同意調整的薪金數額，但沒有一家公司的負責人提出這是違法的，並離開會議。這些公司是否從中獲益，並不是競爭局考慮的重點，他們留下來協商制定薪金，已是觸犯競爭法。

新加坡案例（2）	**新加坡 SISTIC「門票銷售」案（2010）** 濫用市場權勢
背景	新加坡 SISTIC 壟斷了銷售門票市場（市場佔有率達 85％－95％），並且進一步和其他活動主辦者達成十七項協議，使其成為所有活動的唯一售票單位。SISTIC 基本上是一家新加坡政府企業，全部股權由新加坡政府的 Ministry of Information, Communication and the Arts 所擁有。
裁決	SISTIC 總共和十九家活動主辦者（包括 The Esplanade Co. Ltd、Singapore Sports Council 等）達成獨家售票協議，意味着其他門票銷售公司被排除在市場外。 （i）SISTIC.com Pte Ltd 是在新加坡第一家違反競爭法第 47 節（濫用獨佔地位）而被新加坡競爭委員會處分的公司（請留意，根據香港《競爭條例》，政府部門及單位是被豁免的）。 （ii）新加坡競爭委員會經多方調查和經濟分析後，認為 SISTIC 違反競爭法而加以處分；這是競爭委員會有史以來對單一公司判決的最高罰款，罰款為 98 萬 9,000 新幣。 （iii）SISTIC 必須修改協定內容，確保刪除規定委任其為獨家售票代理的條款，並採取措施避免類似情形重演。

參考文獻（第四章）

Aghion, P., Bloom, N., Blundell, R., Griffith, R. and Howitt, R., "Competition and Innovation: An Inverted-U Relationship", *Quarterly Journal of Economics*, 120, 2005.

Atkinson, R. D., and D. B. Audretsch, "Economic Doctrines and Approaches to Antitrust", Indiana University-Bloomington: School of Public & Environmental Affairs Research Paper, 2011.

Bain, J. S., *Industrial Organization: A Treatise*, New York: John Wiley, 1959.

Bishop, B. and Walker, M., （ed.） *The Economics of EC Competition Law: Concepts, Application and Measurement*, London: Sweet & Maxwell, 2002.

Bolton, P., Joseph F. B., and Riordan, M. H., "Predatory Pricing: Strategic Theory and Legal Policy", *Geo. LJ*, 88, 1999.

Bork, R. H., *The Antitrust Paradox: A Policy at War with Itself*, New York: Maxwell Macmillan International, 1993.

Borrell, J-R. and Tolosa, M., "Endogenous Antitrust Cross-Country Evidence on the Impact of Competition-Enhancing Policies on Productivity", *Applied Economic Letters*, 15, 2008.

Buccirossi, P., et al., "DP7470 Competition Policy and Productivity Growth: An Empirical Assessment", 2009.

Crampton, P. S., "Alternative Approaches to Competition Law, Consumers' Surplus, Total Surplus, Total Welfare and Non-efficiency Goals", *World Competition*, 17, 1994.

Crandall R. W. and Winston, C., "Does Antitrust Policy Improve Consumer Welfare? Assessing the Evidence", *Journal of Economic Perspectives*, 17, 2003.

Decker, C., *Economics and the Enforcement of European Competition Law*, Northampton, MA: Edward Elgar, 2009.

Demsetz, H., *Economic, Legal and Political Dimensions of Competition*, Amsterdam: North-Holland, 1982.

Dutz, M. A. and Hayri, A., "Does More Intense Competition Lead to Higher Growth?", World Bank, Policy Research Working Paper, No. 2320 and CEPR Discussion Paper No. 2249, 2000.

Easterbrook, F. H., "Predatory Strategies and Counterstrategies", *The University of Chicago Law Review*, 48.2, 1981.

European Commission, *Guidelines on the Assessment of Horizontal Mergers under the Council Regulation on the Control of Concentrations between Undertakings*, OT C 31/5, 2004.

Evans, D. S., and Hylton, K. N., "The Lawful Acquisition and Exercise of Monopoly Power and its Implications for the Objectives of Antitrust", *Competition Policy International*, 4.2, 2008.

Gal, M., "The Ecology of Antitrust Preconditions for Competition Law Enforcement in Developing Countries", in *Competition, Competitiveness and Development: Lessons from Developing Countries 20*, UNCTAD, 2004.

Hayek, F. A., "Competition as a Discovery Procedure", in Hayek, F. A., *New Studies in Philosophy, Politics, Economics and the History of Ideas*, Chicago: University of Chicago Press, 1978.

Hilmer Committee, *Report by the Independent Committee of Inquiry: National Competition Policy*, AGPS, Canberra, 1993.

Hylton, K. and Deng, F., "Antitrust Around the World: An Empirical Analysis of the Scope of Competition Laws and Their Effects", *Antitrust Law Journal*, 74, 2007.

Jolls, C., Sunstein, C. R. and Thaler, R., "A Behavior Approach to Law and Economics",

Stanford Law Review, 50, 1998.

Kaplow, L. and Shavell, S., "Why the Legal System is Less Efficiency then the Income Tax in Redistributing Income", *Journal of Legal Studies*, 23, 1994.

Kaplow, L. and Shavell, S., *Fairness versus Welfare*, Harvard: Harvard University Press, 2002.

Kerber, W. and Schwalbe, U., "Economic Foundations of Competition Law", in Sacker, F. J., Hirsch, G. and Montag, F.（ed.）, *Competition Law: European Community Practice and Procedure, Article-by-Article Commentary of the EC Competition Law*, London: Sweet and Maxwell, 2007.

Kirchner, C., "Goals of Antitrust Revisited" in Dieter, S., Max, A. and Voigt, S.（ed.）, *The More Economic Approach to European Competition Law, Conference on New Political Economy 25*, Tubingen: Mohr Siebeck, 2007.

Klein, B., Crawford, R., and Alchian, A., "Vertical Integration, Appropriable Rents, and the Competitive Contracting Process", *Journal of Law and Economics*, 21, 1978.

Kreps, D. M., and Wilson, R., "Reputation and Imperfect Information", *Journal of Economic Theory* 27.2, 1982.

Kwoka, J. E. Jr. and White, L., *The Antitrust Revolution: Economics, Competition and Policy*, ed., 3rd, New York: Oxford University Press, 1998.

Lande, R. H., "Chicago's False Foundation: Wealth Transfer（not just Efficiency）Should Guide Antitrust", *Antitrust Law Journal*, 58, 1989.

Leibenstein, H., "Allocation Efficiency vs X-Efficiency", *American Economic Review*, 56, No, 3, 1966.

Levenstein, M., and Sustow, V., "Contemporary International Cartels and Developing Countries: Economic Effects and Implications for Competition Policy", *Antitrust Law Journal*, 71, 2003.

Ma, T. C., "The Effect of Competition Law Enforcement on Economic Growth", *Journal of Competition Law and Economics*, 10, 2010.

Manne, H., "Mergers and the Market for Corporate Control", *Journal of Politcal Economy*,

73, 1965.

Mason, E. S., "Price and Production Policies of Large-Scale Enterprises", *American Economic Review*, 29, No 1 (Supplement), 1939.

McGee, J. S., "Predatory Price Cutting: the Standard Oil (NJ) Case", *The Journal of Law & Economics*, 1, 1958.

Milgrom, P., and Roberts, J., "Predation, Reputation, and Entry Deterrence", *Journal of economic theory,* 27.2, 1982.

Neven, D. J. and Roller, L. H., "Consumer Surplus vs Welfare Standard in a Political Economy Model of Merger Control", CEPR Discussion Paper No. 2620, 2000.

Nicholson, M. W., "An Antitrust Index for Empirical Analysis of International Competition Policy", *Journal of Competition Law and Economics*, 4, 2008.

Prahalad, C. K. and Hamel, G., "The Core Competence of the Corporation", *Harvard Business Review*, May/ June, 1990.

Posner, R. A., *The Social Costs of Monopoly and Regulation*, Chicago: University of Chicago Press, 1975.

Posner, R. A., "The Chicago School of Antitrust Analysis", *University of Pennsylvania Law Review*, 127.4, 1979.

Rodger, B. and MacCullock, A., *Competition Law and Policy in the EU and UK*, 4th Edition, New York, NY: Routledge-Cavendish, 2008.

Rubin, P., "What Do Economists Think about Antitrust? A Random Walk Down the Pennsylvania Avenue", in McChesney F. S. and Shughart, W. F. (ed.), *The Causes and Consequences of Antitrust*, Chicago: University of Chicago Press, 1995.

Schumpeter, J., "Creative Destruction", *Capitalism, Socialism and Democracy*, 1942.

Sidak, J. G., and David J. T., "Dynamic competition in Antitrust Law", *Journal of Competition Law and Economics*, 54, 2009.

Sinderen, J. V. and Kemp, R., "The Economic Effect of Competition Law Enforcement: The Case of the Netherlands", *De Economist*, 156, No. 4, 2008.

Stigler, G., "The Theory of Economic Regulation", *Bell Journal of Economics*, Spring, 1971.

Telser, L. G., "Why Should Manufacturers Want Fair Trade?", *The Journal of Law & Economics*, 3, 1960.

Tor, A., "The Fable of Entry, Bounded Rationality, Market Discipline and Legal Policy", *Michigan Law Review*, 101, 2002.

US Department of Justice and Federal Trade Commission, "Horizontal Merger Guidelines", 2010.

Vickers, J., "Abuse of Market Power", *The Economic Journal*, Vol. 111, 2005.

Voigt, S. and Schmidt, A., *Making European Merger Policy More Predictable*, Dordrecht: Springer, 2005.

Werden, G. J., "The Effect of Antitrust Policy on Consumer Welfare: What Crandall and Winston Overlook", US Department of Justice Antitrust Division, Discussion Paper No. EAG 03-2, 2004.

Williamson, O. E., "Economies as an Antitrust Defense: The Welfare Tradeoffs", *American Economic Review*, 58, No.1, 1968.

范建得、莊春發：《公平交易法》（第一冊），台北：漢興書局，1992。

□ 責任編輯：黎耀強
□ 裝幀設計：高林
□ 排　版：時潔
□ 印　務：劉漢舉
□ 封面圖片：匯圖網

香港競爭條例的解讀與實踐

□
著者
羅祥國　黃覺岸

□
出版
中華書局（香港）有限公司
香港北角英皇道 499 號北角工業大廈一樓 B
電話：(852) 2137 2338　傳真：(852) 2713 8202
電子郵件：info@chunghwabook.com.hk
網址：http://www.chunghwabook.com.hk

□
發行
香港聯合書刊物流有限公司
香港新界大埔汀麗路 36 號
中華商務印刷大廈 3 字樓
電話：(852) 2150 2100　傳真：(852) 2407 3062
電子郵件：info@suplogistics.com.hk

□
印刷
美雅印刷製本有限公司
香港觀塘榮業街 6 號 海濱工業大廈 4 樓 A 室

□
版次
2017 年 4 月初版
© 2017 中華書局（香港）有限公司

□
規格
16 開（238 mm×170 mm）

□
ISBN：978-988-8463-44-2